공공조직을 위한

전략계획

안태환 저

대구대학교출판부

저자소개

▪ 안 태 환

서울대학교 문리과대학 해양학과(이학사)
서울대학교 환경대학원 환경계획학과(도시계획학 석사)
미국 노스캐롤라이나대학 도시 및 지역계획학과(MRP).
서울대학교 대학원 환경계획학과(행정학박사)
대구대학교 부설 새마을·지역사회연구소장
대구광역시 도시계획위원
대한국토·도시계획학회 대구·경북지회장
한국지역개발학회 부회장
도시계획기술사
대구대학교 기획처장
대구대학교 교수회 의장
대구대학교 도시·지역계획학과 교수(현)
이 메일 : thahn@daegu.ac.kr

발행 | 2010년 10월 20일
지은이 | 안태환
펴낸이 | 홍덕률
펴낸곳 | 대구대학교출판부
경북 경산시 진량읍 대구대로 201
전화 053) 850-5661~3 | 팩스 053) 850-5669
http://press.daegu.ac.kr/
찍은곳 | 남경기획
ISBN 978-89-7794-554-8-93350
정가 | 10,000원

저자서문 Author's Preface

그 동안 각종 계획안의 수립이나 심사나 평가에 참여할 때 느끼는 소감은 우리의 경우 너무나 쉽게 각종의 계획안을 마련하고 제안하고 평가하고 채택한다고 생각해 왔다. 이는 근본적으로 종합계획의 접근방법에 근거하기 때문이다. 왜냐하면 종합계획이 계획현실을 너무나 안일하게 보면서 유토피아적인 전제와 과정을 상정하기 때문이라 생각하였다. 그러다가 1994년에 우연히 전략계획에 관한 문헌들을 접하고부터 이것이 계획이론과 실제에 대해 하나의 돌파구를 제공해 주었으며, 우리의 계획수립과정을 비쳐볼 수 있는 하나의 거울이 되었다. 그 이후 단체장의 리더십과 그 역할 등에도 관심을 가지게 되었다.

본래 전략계획은 민간기업의 경쟁력 강화를 위한 미래계획에 활용된 것인데, 80년대 이후 공공조직과 지역사회의 경쟁력 증진을 위해 이 기법이 활용되었다. 최근에는 도시와 군의 운명을 결정하는 행동을 중시하는 값어치 있는 과정으로 인식하고 있다. 그런데 민간기업의 경쟁력 강화에 초점을 둔 전략계획의 이론과 계획과정을 그대로 응용해서 공공조직이나 지역사회의 계획에 적용하는 데에는 다소간의 무리한 점이 있다고 생각한다. 즉, 공공의 성격을 띠는 공공조직의 관리나 지역사회의 계획에 경쟁과 행동을 강조하는 전략계획의 이론과 특성을 원용해서 적용하는 데에는 기존의 계획특성이나 절차와 바로 정합되지 않는 부문이 있기 때문이다. 그러나 이러한 단점에도 불구하고 전략계획의 접근방법이 기존의 종합계획의 접근방법을 완전히 대체하지는 않지만 상호 보완작용은 할 것으로 확신한다.

이 책은 공공조직(지역사회)을 위한 전략계획이론을 소개하는데 목적이 있다. 본서는 크게 3편으로 구성되어 있다.

제 1편에서는 전략계획의 기본적 이론을 고찰하였다. 1장에서는 전략과 계획, 전략계획의 의의, 필요성 등을 기술하였으며, 2장에서는 전략계획의 기본적 특성을 필자 나름의 개념의 틀로 분석하였다. 참여의 확대, 환경의 탐색, 이슈의 선정, 전략의 수립, 행동과 집행지향성, 점검과 수정 등인데, 이 특성은 본서의 기저를 이룬다. 3장은 전략계획의 성격으로, 그 목적과 편익, 정치적 의사결정, 전략계획이 아닌 것 등을 기술하였으며, 4장에서는 참고로 민간의 전략계획 등을 기술하였다.

제2편에서는 Bryson, John M.(1995), 「Strategic Planning for Public and Nonprofit Organization: A Guide to Strengthening and Sustaining Achievement」 2nd ed., Jossey-Bass Publishers, San Francisco. 의 책을 번역하여 핵심적인 내용을 기술하였다. 저자인 John M. Bryson은 미국의 미네소타 대학의 교수이며, 도시지역계획분야에서 학위를 취득하였다. 그의 주요 관심분야는 전략계획, 리더십, 공공정책 등이며, 다수의 학술상을 수상한 학자이다. 그는 위의 책을 제1판(1990), 제2판(1995), 제3판(2004)을 지속적으로 개정해 왔으며, 제3판은 제2판을 약간 보완하여 개정한 것인데. 본인은 이 책을 그 동안 많이 참고 하였다. 본인은 이 책의 번역을 위해 판권을 가진 John Wiley & Sons, Inc. 출판사와 접촉하여 소정의 번역료를 지불하고 2010년 9월에 번역허가를 받았다. 그래서 위의 책의 핵심내용을 번역할 수 있었다. 이로서 전략계획의 이론과 과정을 보다 객관적으로 서술할 수 있었으며, 이 책을 국내에 소개하고, 참고할 수 있게 되어 참으로 다행이라 생각한다.

제3편에서는 전략계획의 이론과 특성을 원용하여 실제적으로 적용한 응용연구이다. 1장에서는 종합계획과 전략계획과의 차이점과 같은 점에 대해 비교분석을 하였다. 종합계획이나 전략계획 모두 체계이론이며, 과정이론이다. 그러나 종합계획은 무엇보다도 의사결정의 합리

성에, 전략계획은 경쟁의 강조와 희소자원의 최적배분과 집행에 초점을 두고 있는 것이 가장 큰 차이점이다. 그러나 관점에 따라서는 서로가 유사해지는 측면이 있다. 2장은 단체장의 바람직한 리더십에 관한 것인데, 단체장의 역할, 과제, 리더십 등에 대하여 전략계획이론을 원용한 개념의 틀을 가지고 문제점과 시사점을 제시한 논문이다. 3장은 도시계획수립상의 문제점과 개선방향에 대해 전략계획의 특성에 따라, 각 분야별로 분석한 실증논문이다. 4장은 지역계획의 성격을 띠는 기초생활권계획의 수립상의 문제점과 개선방안은 본인이 계획서의 평가과정에 참여한 경험을 기반으로 해서 분석한 논문이다. 실제로 기초생활권계획은 현재 법률적으로나 제도적으로 시행되는 계획이다. 이의 문제점의 분석과 개선방안의 제시가 각 시·군의 계획수립에 도움이 되기를 바란다. 5장은 외국도시의 전략계획의 사례를 분석한 것으로 각 특성별로 분석한 것이다. 그런데 제3편의 응용연구들은 기본적으로 전략계획의 이론과 특성을 원용해서 분석한 것이어서 연구의 기본적인 틀이 유사하며 중복되는 측면이 많다. 그러나 적용한 분야가 단체장의 역할, 도시계획의 수립과정, 지역계획의 수립과정, 외국도시의 수립과정 등 영역에 따라 차이는 있다.

끝으로 이 책을 출판하는데 있어 편집, 교정, 인쇄 등에 많은 도움을 준 대구대학교의 출판부 관계자들에게 진심으로 감사의 인사를 드린다.

2010년 10월 저자 안태환

차례 Contents

제2편 전략계획과정

제3편 전략계획의 응용연구

제 1 편 전략계획의 이론적 고찰

제 1 장 전략계획의 의의

1. 전략의 의미

전략계획(strategic planning)은 어의적으로 전략과 계획의 합성어라 할 수 있기에 이 용어들의 의미를 개관할 필요가 있다. 먼저 전략(strategy)의 어원은 희랍어인 strategos에서 유래되었으며, 이는 stratos(군대)와 -ag(이끌다)의 합성어로 군대의 통솔을 의미한다. 일반적으로 전략은 조직의 적극적 임무, 달성되어야 할 목표, 이용가능한 자원을 사용하는 기본적 방법 등에 대한 진술로 기술되고 있다. 또 영어사전에서 전략은 ①평화나 전쟁시 채택된 정책을 최대한 지원하기 위한 한 국가나 여러 국가의 정치, 경제, 심리 및 군사적 힘을 활용하는 과학과 기술, ②군사적 명령의 과학이나 기술 a:조심스러운 계획 또는 방법 등 b: 목표를 향한 계획이나 책략을 고안하거나 사용하는 기술로 정의하고 있다(Webster's Third New International Dictionary).

오늘날에는 전략이 다양하게 사용되고 있다. 특히 군사, 경영, 미래연구에 많이 사용되고 있다. 군사분야에서 전략을 적과 대치하여 오래 끄는 싸움에서 이기는 기술로 간주하고 있으며, 이를 위해서는 상대방의 행동에 대한 통제와 힘을 무엇보다도 중시한다. 군사분야에서 적-변형, 기만, 간접적 접근, 적과의 게임 등이 강조된다. 회사경영에 있어 전략은 시장에서 만족할 만한 성과를 가져올 활기찬 방향을 파생시키는 과정으로 간주한다. 여기서 독특한 것으로는 목표-규정, 아이덴티티의 형성, 시장교환매개, 성과의 연속적 측정, 비 제로섬 게임, 여러 부서의 게임 등이다. 미래연구에 있어 전략은 크게 변화하는 상황에 있어 환경적 변화의 복합체를 이해하고, 핵심적인 선택을 하는 연결된 과업으로 간주한다. 이의 독특한 것으로는 자아-변형, 신뢰, 공개, 협조, 조직적 학습, 잘못의 흡수와 공유, 애매모호한 전략의 정의, 자신의 특성에 대한 게임 등이다.

그러나 이 세 분야에서 사용되는 전략이 전혀 다른 것은 아니다. Evered는 군사, 경영, 미래연구의 전략을 분석한 후에, 이에 공통되는 요소를 다음과 같이 지적하고 있다. 전략은 과정으로, 계속되는 운동으로, 결코 완료되지 않는 것으로 간주하며, 실천지향적이며, 전략은 필요성과 이유가 있는 이슈를 다루어야 하며, 전략은 전체적 패턴, 전체적 상황, 전체적 조직을 다루어야 하며, 가치판단을 포함하며, 상황에 있어 변화를 평가하고, 변화를 의도적으로 발생하고자 하며, 기술적이거나 과학적인 용어는 사용하지 않으며, 전략은 바라는 미래와 연관해서 자원을 동원하는 등이다.[1)] 요컨대 전략에는 과정, 실천, 가치판단, 상황평가와 변화유도, 미래지향, 자원동원, 점검 등이 강조된다.

---

1) Andrews는 회사경영에, Liddel-Hart는 군사실제에, Michael은 미래연구 분야에서 전략의 특성을 연구하였는데, 이들 연구들에서 전략의 개념에 공통되는 것으로는 다음과 같다: ① 연속적인 과정, ② 실천가 지향적, ③ 무엇이 행해져야하며, 왜, ④ 전체적인 패턴, ⑤ 가치선택, ⑥ 변화발생, ⑦ 실천자의 언어, ⑧ 응집적인 활동, ⑨ 조직적인 과정, ⑩ 자원-동원 등이다.

2. 계획의 의의

계획의 의미 대하여 여러 가지 견해가 있다.

1) 인간의 기본적 활동으로서의 계획이다. 어떤 이는 계획을 사회의 모든 수준에서 인간행동에 성행하는 기본적 활동으로 간주한다. 이런 견해로 볼 때, 계획은 인간의 사고와 이에 바탕을 둔 행동과정이며, 사실과 사려의 측면에서 볼 때 이는 아주 일반적인 인간활동이다.

George Miller는 개인의 기본적 행태의 계획적 요인을 분석하면서 각 행동은 복잡한 예비적 과정, 소위 TOTE의 결과라고 결론내렸다. TOTE(Test-Operate-Test-Exit)는 각 행동은 상황의 평가와 시도되는 행동의 가시화(test), 행동으로 수행되며(operate), 그 결과는 평가되며(test), 일련의 과정이 마무리되고(exit)나서, 새로운 행동이 시작된다는 것이다. Miller에 따르면, 계획안은 TOTE의 계층을 형성하며, 계획안은 유기체 내의 계층적 과정으로, 이는 운영의 순서를 통제할 수 있다는 것이다.

2) 합리적 선택으로서의 계획이다. 계획은 일련의 선택을 통하여 적절한 미래의 행동을 결정하는 과정이다. 계획은 선정한 목표, 사려 깊은 선택, 종합적 접근, 행동과의 연계를 추구하는 과정으로 보는 것이다.

3) 미래행동의 통제로서의 계획이다. 집행이 포함되지 않으면, 계획으로 볼 수 없다는 견해로서 Wildavsky는 정의하기를 계획은 현재행동의 미래결과를 통제하는 능력으로 간주될 수 있다는 것이다. 결과를 통제할수록 계획은 성공한다. 이처럼 계획은 미래의 행동과 결과를 통제할 수 있는 능력에 영향을 끼친다.

4) 문제해결을 위한 특별한 수단으로서의 계획이다. 계획은 특정

한 종류의 문제를 해결한다는 견해로서, Rittel과 Webber는 계획은 사악한(wicked) 문제를 다루어야 한다고 주장했다. 사악한 문제에 대해 명확한 정의가 있는 것은 아니지만 대체로 병리현상과 동일시하고 있으며, 문제해결을 강조하고 있다.

5) 계획은 계획가가 한다는 것이다. G. Vickers는 계획은 계획가가 하는 것으로 규정하고 있다. 이러한 접근은 아주 단순하고 직관적으로 명백해지는 장점이 있다. 그러나 계획가의 자질을 구별하기가 어렵기 때문에, 계획의 정의를 규정하기 어렵다.

6) 시도된 종합화이다. 계획을 종합적으로 정의하기란 사실은 어렵다. 그래서 Wildavsky는 아주 간결하게 "만약에 계획이 모든 것이라면, 그것은 아무 것도 아닐 수 있다(If Planning is Everything, Maybe it's Nothing)"라고 규정하였다.

그리고 계획의 주요한 속성으로는 사회적이며, 미래지향적이며, 비상례적이며, 사려깊으며, 행동지향적이다. 이를 종합해서 계획은 바람직한 목표들을 달성하기 위한 최적의 전략을 수립하는 사회 또는 조직의 사려 깊은 활동으로 정의할 수 있다. 이처럼 계획에는 바람직한 미래 행동들을 결정하는 합리적 선택의 방법들을 적용하는 것이다. 선정한 전략을 집행하기 위한 행동과 자원을 동원하기 위해서는 권한과 의도가 수반되어야 하는 것이다. 그리고 이러한 주장들을 참조하면서 Y. Dror는 계획을 선호하는 수단으로 목표달성을 지향하면서, 미래의 행동을 위한 일련의 결정을 준비하는 과정으로 정의하였다. 이러한 정의 속에는 7개 요인, 즉 ①과정으로(process), ②준비하는 것으로(of preparing), ③일련의 집합으로(a set), ④행동을 위한 결정으로(decisions for action), ⑤미래에 있어(in the future), ⑥목표달성을 지향하면서(directed at achieving goals), ⑦선호하는 수단(by preferable means) 등이 내재하고 있다고 주장하였다.[2)]

한편 Smit와 Rade는 계획에 대한 여러 가지 정의들을 종합적으로 요약하고 있다.[3] 여기서 계획의 기본적 특성으로 ①계획은 결정에 관한 것이며, ②이는 공식적이고, 명시적이고, 체계적 과정으로 다루어지며, ③계획은 미래와 연관되며, ④계획 그 자체는 목표와 수단과 관여하며, ⑤결정들은 전체적 관점에서 상호연관아래 고려되어지며, ⑥계획은 행태와 행동의 변화를 가져와야만 한다는 것이다. 그래서 Smit와 Rade는 요약해서, 계획은 문제들을 다루어야 할 때 예상되는 결정들을 선정하는 결정체계(systems of decisions)로 정의했다.

한편 Davidoff와 Reiner도 계획을 일련의 선택과정을 통한 적절한 미래행동을 결정하는 과정으로 정의하고 있으며, 이러한 과정을 구성하는 선택은 3개의 수준에서 행해진다고 했다. 즉 ①목적과 기준의 선정, ②대안집합의 식별과 바람직한 대안의 선정, ③결정한 목표에 대한 행동가이드의 선정 등이다. 그리고 계획을 둘러싸고 있는 환경으로 다음과 같은 점들을 지적하였다.[4] 즉 ①사람들은 선호를 가지고 있으며 이와 일치하는 방향으로 행동한다. ②행위자들의 선호도 변화한다. ③어떤 수준에서 설정한 수입체감의 조건에 따라 재화는 생산되고 서비스는 수행된다. ④자원은 희소하며 그 결과 산출도 제한된다. ⑤인간은 불완전한 지식을 가지고 행동한다 등이

2) Y. Dror, 1973. "The Planning Process : A Facet Design", in 「A Reader in Planning Theory」, in A. Faludi, ed., Pergamon Press, pp. 330-332.

3) Smit, J. de and N. L. Rade., 1980. "Rational and Non-Rational Planning". 「Long Range Planning」, Vol. 13. p.89.

4) Davidoff, P and Reiner, T. A. 1973. "A Choice Theory of Planning", 「A Reader in Planning Theory」, Andreas Faludi ed., Pergamon Press, pp. 12-18.

다. 그러면서 계획의 특성으로는 ①목표의 성취, ②선택의 작용, ③미래 지향성, ④행동, ⑤종합성 등을 지적하였다.

끝으로 Ozbekhan은 계획의 단계별 정의로 ①계획은 어떤 대상에 대한 행동으로, ②어떤 목적을 위한 어떤 대상에 대한 행동으로, ③계획은 어떤 대상에 유효한 변화를 위한 대상에 대한 행동으로, ④계획은 대상에 바라는 바의 변화를 위한 목적의 정의로, ⑤계획은 이전부터 규정되어져 왔던 방법으로 대상을 변화시키는 행동의 설계로 정의하였다.

3. 전략계획의 의의

전략계획은 이상의 전략이나 계획의 합성어의 의미 이외에도, 또 다른 독특한 의미를 가진다. 즉, 전략계획은 변화를 관리하고 가장 그럴듯한 미래를 만들려는 체계적인 접근이다. 이는 강점과 약점, 위협과 기회를 고려해서 가장 중요한 행동을 식별하고 성취하려는 창의적 과정이다. 집행이 전략계획의 핵심인데, 결정적 이슈(critical issues)에 희소자원을 배분하는데 중점을 두고 있다. 전략계획의 특성과 독특한 방법론으로 (1)선정한 이슈에 집중하는 집약적 과정이다. (2)자원의 이용가능성을 명확하게 고려한다. (3)강점과 약점을 평가한다. (4)조직이나 구역 밖에서 발생하는 변화와 주요한 사건들을 고려한다. (5)실제적 결과를 강하게 강조하는 행동지향성 등이다.

전략계획은 본래 미국의 제너럴 일렉트릭(General Electric)과 같은 큰 회사에서 50년대 말과 60년대 초에 회사의 장기계획을 수립하는 데부터 시작되었으며, 그 이후 계획부서가 설립되었다. 이러한 것들이 발전하여 60년대부터 대기업에서 폭넓게 활용되었다.

그 이후 민간회사가 경쟁력을 강화하기 위하여 전략계획을 활용하였으며, 80년대 이후 도시와 지역사회의 경쟁력을 증진하기 위하여 이 기법이 활용되었다. 최근에 도시와 군의 운명을 결정하는 행동을 중시하는 값어치 있는 과정으로 인식하고 있다.

전략계획은 지역사회가 외부환경과의 관계에 있어 자기의 이점을 식별하는데 도움을 준다. 외부 요소에 대한 강조는 공공과 민간이 관여하는데 또 다른 강점이 되며, 자원과 환경적 요소를 명확하게 고려할 것을 강조한다. 그리고 자원의 이용가능성을 중시함으로 전략계획은 어떻게 제한된 자원을 이용할 것인가의 방법을 모색하는 수단이 된다. 그러므로 자원의 제한을 느끼는 전환기 경제에 지방의 지도자들이 전략계획에 관심을 가지게 되는 주요한 이유가 되고 있으며, 지역사회가 직면한 중요한 이슈나, 기회, 문제를 고려하는 한 방법으로 관심을 끌게 한다. 동시에 지방의 지도자로 하여금 일상의 문제뿐만 아니라 변화하는 이슈나 외부상황의 변화에도 관심을 기울이도록 하게 하는 것이다.

그리고 전략계획은 조직으로 하여금 변화하는 환경에 반응하면서 비전이나 우선순위에 집중하도록 도움을 주며, 조직원이 목표를 향해 일하는 것을 보장한다. 전략계획에는 (1)과정은 전략적이다. 이는 동태적인 환경에 가장 잘 반응하는 방법을 선택해야 하기 때문이다. (2)전략계획은 시스템적이며 데이터 기반적이다. 이는 전 과정이 요구되기 때문이다. (3)전략계획은 특별한 우선순위를 선택하는 것을 포함한다. (4)합의의 구축에 관한 것이다. (5)전략계획은 자원의 획득과 배분, 가이드 등의 요소가 내재되어 있다.

이처럼 전략계획은 복합이슈이며, 비계층적이며, 참여와 동의에 바탕을 두며, 동태적인 의사결정과정이며, 연속적인 과정이며, 민간의 참여와 협조를 당연시하며, 집행지향적이다. 조직의 내부와 외부환경의 평가에 기반을 둔 전략개발과 전략적으로 사고하고 행동할 것을 강조한다.

4. 전략계획의 필요성

계획사고의 변화와 더불어 도시를 둘러싸고 있는 환경이나 여건도 바뀜에 따라 계획가들은 전략계획에 관심을 가지게 되었다. 그 주된 이유와 도입의 필요성을 기술하면 다음과 같다.

첫째, 전통적 계획모형에 대한 불만이다. 계획가들은 전통적 계획모형에 대하여 많은 불만을 가져 왔다. 60년대 말부터 엄격한 맵-지향적인 접근방법에 회의를 가지게 되어 정책계획이 등장했지만 별로 환영을 받지 못했다. 이는 많은 도시들이 그 계획을 수정하지 않았기 때문이다.[5] 이에 따라 계획가들도 기존의 접근방법을 반드시 포기하는 것은 아니지만, 새로운 접근방법을 모색하려고 노력하였다. 그러나 지금까지도 전통적인 물적 마스터플랜에서 완전히 벗어나지 못하고 있으며, 새로운 패러다임도 흡수하지 못하고 있다.[6] 도시계획도 전통적인 도면 중심의 토지이용계획에서 전략-정책적 계획으로 전환하려고 노력하고 있지만, 그 전환이 완전하지는 않다. 그 이유의 하나는 계획가가 고정된 관념에 사로잡혀 있기 때문이다. 둘째, 지방화의 경향이다. 오늘날 세계화와 더불어 지방화가 크게 부각되고 있다. 이른바 포스트 포디즘으로의 전환으로 경제구조의 재편인 유연적 생산체제가 부문적으로 나타나고 있으며, 국경을

5) So, Frank S. 1984. “Strategic Planning: Reinventing the Wheel?”, 「Planning」, 50(2), pp. 157-158.

6) Perloff. H. S. 1980. 「Planning the Post-Industrial City」, APA Press, pp. 271-273.

뛰어 넘는 경제의 세계화가 나타나고 있다. 경제의 세계화나 세계 도시화는 한편으로는 지방화를 더 강조하게 되었으며, 세계의 지방화가 병행되어야 한다고 주장하고 있다. 지방화의 경우 기존의 계획방식보다는 전략계획의 접근방식이 더 유용하다. 이는 지방자원의 효율적 이용을 도모하고 주민참여를 중시하며, 시민의 바람을 주기적으로 검토하고 수정하는 풀뿌리 계획접근이기 때문이다.[7] 그리고 지방의 지역개발에 있어서도 전략계획은 더 유용하다. 외부기관이나 중앙정부의 도움보다는 핵심기관의 참여와 업계의 협조, 지역주민들의 자조적 참여와 열의, 행하면서 배우는 과정에의 참여 등의 이점이 있기 때문이다.[8] 즉 전략계획 접근방법은 지방의 장점을 살리면서 계획주체가 참여하고 협조할 수 있는 기회를 제공하기 때문에 지방화시대에 더 알맞다. 또 지방정부의 정치과정에 있어서도 내부 갈등을 줄이고 관리기능을 통합함으로서 계획효과를 올릴 수 있는 대안이 되며, 계획을 동태적 의사결정과정으로 통합할 수 있기에 더 유용하다.[9] 더욱이 지방간의 경쟁시대에는 협조와 경쟁을 강조하는 전략계획이 긍정적 대안이 될 수 있다.

셋째, 민간의 참여와 협조의 강조이다. 80년대부터 기존의 도시계획의 접근방법에 대한 회의와 더불어 작은 정부의 추구와 시장의 역할을 강조하는 신보수주의가 등장하게 되었다. 이제까지 도시문

---

7) Kemp, R. L., 1985. “Planning for Local Government - A Grass-Root Approach”, 「Long Range Planning」, 18(6), pp.91-93.

8) Cineide, Micheal S. O. and Michael J. Keane, 1990. “Applying strategic planning to local economic development”, 「Town Planning Review」, 61(4), pp.482-486.

9) Rider, Robert W. 1983. “Making Strategic Planning Work in Local Government”, 「Long Range Planning」, 16(3), pp.73-81.

제는 자유방임정책이 초래한 시장실패로 간주했기 때문에, 공공당국은 청사진적 계획에 따라 통합된 물적 도시개발을 주로 하면서 간섭을 하는 것이 당연하다고 생각해 왔다.[10] 그러나 능률의 강조와 보수화의 경향으로 시장의 역할이 다시 강조되기 시작했다. 그리하여 시장을 살리면서도 정부가 도시개발을 어떻게 주도해야 할 것이냐에 대하여 관심이 주어져 왔는데, 지역사회의 활성화와 대규모 도시개발에 민간의 참여와 협조를 강조하게 되었다. 이는 공공과 민간이 이원적으로 통제자와 통제받는자의 입장이 아니라 공생적 관계인 협조자 내지 동반자 관계로의 전환되었기 때문이다. 이러한 협조로 경제적 효율성을 추구하고, 정치적 형평을 유지하며, 독특하고 활기찬 조직문화를 만들며, 그 편익을 주민들에게 공정하게 배분할 수 있게 된다는 것이다. 이에 따라 기업적 계획(entrepreneurial planing)이[11] 도입되게 되었으며, 대도시에서는 민관이 공동으로 개발사업을 추진하게 되었다. 이러한 민간의 참여와 협조에 대해서는 기존의 전통적 접근보다는 전략계획적 접근이 훨씬 관대하며, 보다 적극적이다. 이는 전략계획의 출발배경, 계획과정, 특성의 관점에서 볼 때 민간자원의 참여나 동원을 필수적인 것으로 간주하고 있기 때문이다. 요컨대 80년대 이후 규제완화, 작은

---

10) Shunichi Watanabe, “Public-Private Partnership”, in 「Tokyo Seminar ’91」, 회의자료, 日本都市計劃學會, 1991, pp. 5-6.

11) 기업적 계획의 5단계로: ①단지에 대한 접근의 확보, ②토지재개발, ③공공부문의 투자사업, ④민간부문의 투자의 주도성, ⑤민간투자의 집행으로 나누고 있으며, 5가지의 S로 ①적절한 단지(Site), ②전략(Strategy)의 수립, ③이용가능한 보조금(Subsidies)의 발굴, ④성공적인 계획의 조명(Spotlighting), ⑤관련 기술(Skills)을 가진 자들의 모집을 강조하고 있다. Stoker, G. and Young S., 1993. 「Cities in the 1990s」, Longman. pp. 37-63.

정부의 추구, 신보수주의의 기류 속에서 기업적 계획이 강조되고 있으며, 도시개발에 있어 민간참여나 협조를 당연히 여기고 있다. 이러한 배경을 감안할 때 기존의 전통적 계획보다는 전략계획적 접근방법이 더 유용하고 시의적절하다.

넷째, 지방의 정치화이다. 전면적 지방자치는 앞으로 각 자치단체에 여러 가지 문제들을 제기할 것이다. 예컨대, 재정자립의 문제와 조세저항, 주민들의 개발에 대한 기대와 요구, 계획의 실제적 추진, 님비현상과 지역이기주의의 등장, 환경문제에의 관심고조, 지역사회운동이나 주민운동의 실제화, 지방의 계획고권의 요구 등이 분권화나 자율화의 흐름 속에 끊임없이 대두될 것이다. 이러한 문제들에 대처하는 데 있어서는 기존의 정태적인 전통적 계획 보다는 보다 동태적 계획인 전략계획이 더 적합하다. 이는 지방의 정치화된 상황에서 단체장이 이슈의 선정이나 전략의 수립에 보다 적극적으로 관심을 가지게 하며, 시민이나 관계자의 참여를 높이며, 결정적 이슈에 희소자원을 배정하여 집행성을 올리도록 하는 등 전략계획이 자치화된 상황에 더 적합하기 때문이다.

이러한 계획환경이나 계획실제의 변화와 전통적 계획모형에 대한 불만, 지방화, 민간의 참여와 협조, 지방의 정치화라는 시대적 상황에서는 어떤 계획접근보다 전략계획 접근이 더 필요하다고 생각된다. 이는 미국의 시와 군의 전략계획 분석에서도 잘 드러난다. 전략계획이 필요한 주된 이유로는 중앙정부의 지원감소, 증세에 대한 저항, 재정자립에 대한 새로운 요구, 세금을 올리지 않고 재정수입을 올리는 것에 대한 강조, 제한된 수입원에 대한 지방정부간의 치열한 경쟁, 중장기 재정계획에 대한 필요성 증대, 자금계획에 대한 필요성 증대, 지방계획과정에 있어 지역사회의 관여의 증대 등이 제기되기 때문이다.

이처럼 전략계획은 이슈가 복합적이고, 비계층적이며, 참여와 동의에 바탕을 두고, 시민지향적이고, 급변하는 시대에 적합한 모형으로 판단된다. 또 풀뿌리적 접근이며, 동태적 의사결정과정이며, 민간의 자원참여나 협조를 당연시하며, 집행지향적이며, 전략적으로 사고하고 행동하는 것을 강조하는 접근이다. 이러한 특징으로 인해 전략계획은 격변하는 시대에 가장 적절한 접근방법 중의 하나로 사료되기에, 우리의 도시나 지역계획에 있어 이의 접근방법이나 특성을 도입할 필요성이 있다.

제2장 전략계획의 특성

전략계획의 주요 특성으로 Kaufman과 Jacobs가 문헌연구를 통하여 집약한 것을 원용하기로 한다. 이들은 전략계획은 보다 행동, 결과, 집행지향성을 띠며, 계획과정에 보다 광범위하고 다양한 참여를 요구하며, 외부와 관련하여 지역사회를 이해할 것을 강조하며, 환경탐색을 통하여 지역사회에 대한 위협과 기회를 결정하며, 경쟁적 행동에 중점을 두며, 기회와 위협을 고려하여 지역사회의 장점과 약점을 평가하는 것을 강조한다는 것이다.[12] 이러한 주장을 근간으로 본 장에서는 전략계획방식의 기본적 특성으로 참여의 확대, 환경의 탐색, 이슈의 선정, 전략의 수립, 행동과 집행지향성, 점검과 수정 등을 설명하고자 한다.

1. 참여의 확대

계획에 있어 참여는 무엇보다 강조되는 요소이다. 참여의 확대는 계획의 기본 전제인 민주성과 형평성을 보장하는 수단이기 때문에 중요시된다. 이는 계획이 그 지역사회 구성원들의 미래에 대한 바람의 합의로 간주한다면 합의에 이르기까지 많은 참여주체의 의견개진과 의견수렴과 여과과정이 있어야 하기 때문이다. 그러므로 다

---

12) Kaufman, Jerome L. and Jacobs, Harvey M. 1988. "A Public Planning Perspective on Strategic Planning", in 「Strategic Planning」 ed. by John M. Bryson and Robert C. Einsweiler, Planners Press, p.38.

양한 참여주체와 참여를 보장하는 제도적 장치의 확보가 요구된다.

참여에는 계획수립과정에의 참여와 계획집행에의 참여로 크게 대별해 볼 수 있으며, 일반적으로 협의의 개념은 계획수립과정에의 참여를 말한다. 과정에의 참여란 다양한 계획수립 주체의 참여를 의미하는 것으로 계획수립의 주체는 계획환경과 제도와 법에 따라 다소 차이가 있기 마련이다. 우리나라의 경우 계획수립의 참여주체로는 시장·군수, 관계공무원, 용역회사, 자문위원, 지방의회, 지방도시계획위원회, 중앙도시계획위원회, 상위 정부, 중앙정부, 시민 등이 있다.

미국에서도 도시계획은 두 개의 집단, 즉 정부와 비정부의 협력의 산물로 본다. 정부부문의 참여주체로는 시의회, 시장, 행정공무원과 고위간부, 운영 부서, 도시계획위원회나 계획부서, 각종의 공사, 다른 자치단체, 상위정부, 입법기관이나 사법기관 등이 있다. 비정부부문으로는 언론기관, 정당, 금융기관, 각종 협회, 시민 등이 있다.[13] 이처럼 도시계획의 수립과정은 정부안밖에 있는 많은 조직과 개인들이 참여하는 집합적 과정이다.

종합계획에서도 많은 학자들이 참여확대를 강조해 왔으며, 전략계획에서도 이를 강조하고 있다. 다양한 계획주체의 참여는 보다 통찰력있고 반응적인 계획을 도출할 수 있다고 본다. 그러나 전략계획에서의 참여는 관·민파트너십과 같이 민간기업이 지역사회의 선정된 부문에의 참여의 필요성을 강조하고 있는 것이 특이하다. 즉 집행을 위한 광의의 계획과정에의 참여로 볼 수 있다.

계획과정에 참여하는 것의 전형적인 예는 공청회와 파트너십과

13) Branch C. Melville, 1985. 「Comprehensive City Planning: Introduction & Explanation」, Planner Press, pp. 73-85.

각종 위원회를 들 수 있다. Arnstein은 시민참여의 유형을 8개의 가름대(rung)로 구분하면서 4번째 단계인 자문과 공청회, 태도조사, 그리고 6번째 단계인 파트너십을 중시했다.[14] 공청회란 토론을 위해 정보를 교환하는 모임으로 우리나라에는 도시기본계획의 채택이나 각종 도시개발계획수립 시에 채택하고 있다. 미국의 경우 지역지구제의 변경이나 채택 시에는 공청회가 필수적으로 요구되며, 기본계획이나 가구분할제도, 자본증진계획, 도시재개발의 경우에도 공청회를 개최한다. 공청회의 유의사항에 대해서는 Herbert가 몇 가지를 제안하고 있다. 예컨대 공청회는 잘 조직되어야 하며, 사전에 충분히 알려야 하며, 신문에 주요내용을 알려야 하며, 도면이나 참고자료를 전시하거나 쉽게 배부되어야 하며, 정치적 논란의 장이 되어서는 안될 것 등이다.[15]

파트너십은 기업적 계획의 사조에서 민간과 공공이 계획과정에

---

14) Arnstein은 시민참여의 유형을 사다리의 8개의 가름대(rung)로 구분하면서 다음과 같이 예시하고 있다: ①조정, ②치료, ③정보, ④자문, ⑤달래기, ⑥파트너십, ⑦위임된 권한, ⑧시민통제이다. Arnstein R. Sherry, 1995."A Ladder of Citizen Participation", in 「Classic Readings in Urban Planning: An Introduction」, Stein M. Jay ed., McGraw-Hill, Inc. pp. 358-361.

15) 공청회를 위한 몇 가지 제안으로 : ①공청회가 개최되기 전에 담당기관은 이슈를 깊이 연구해야 한다. ②공청회의 진행자는 회의 시작 때에 진행에 관하여 설명해야 한다. ③핵심적인 주제는 사전에 공개되어야 하며, 회의 중에 설명이 필요 없게 해야 한다. ④제시된 의견은 주의 깊게 연구될 것이며 관계기관에서 고려될 것이라고 진행자는 언급해야 한다. ⑤공청회를 주관하는 기관은 개인적인 견해보다는 고려해야 할 다른 사항이 많다는 것을 유념해야만 한다. ⑥담당기관은 참석자의 의견뿐만 아니라 참석하지 않은 더 많은 사람들의 의견도 고려해야 한다. ⑦역시 공청회는 대중들의 의견을 확인하는 가치 있는 수단이 되어야 하는 것 등이다.

있어 서로 협조하고 참여해야 할 필요성이 커졌기 때문에 주목을 받는다. 시민과 공공사이의 협상이나 조정을 통하여 권력이 실제로 재분배되어지는데, 파트너십은 시민지도자가 어느 정도 책임을 가질 때, 시민집단이 재정적인 힘을 가질 때, 또는 시민집단이 자원을 가질 때 효과적이다.

전략계획에서는 많은 관계자를 상정하고 있다. 이들은 지역사회의 미래에 관심을 가지는 개인이나 집단이므로 전략계획과정에 이들의 견해가 고려되도록 해야 한다. 가능한 관계자로는 선출된 관리, 지방정부의 고위관리, 상공회의소나 업계대표, 교육위원이나 교육관리, 근린지역대표, 시민조직, 시의 부서책임자, 노동조합대표, 재단이나 공익단체의 책임자, 타 지역이나 인접지역대표자, 주의 대표자, 특별이익집단, 종교지도자, 지방언론책임자 등을 들 수 있다.

전략계획은 위원회와 과업팀을 상정한다. 위원회에는 운영, 관리, 정책, 자문, 검토위원회 등이 있다. 먼저 운영위원회란 그 기능과 권한에는 차이가 있지만, 그 핵심적 역할로는 기금모금, 예산의 수립과 점검, 프로젝트의 수립 내지 승인, 참여자의 초빙과 참여의 권유, 과정의 여러 부분에 지도자의 선정, 초안 보고서의 검토, 핵심 관계자와 의사결정자의 견해확인, 정책과정의 수립, 지출승인, 갈등과 불일치의 해소, 계획의 수정 등이다.

둘째, 정책 내지 자문위원회인데, 일반적으로 고위공무원이나 정책결정자들이 위원이 된다. 이들은 계획의 주요 결과물을 승인하거나 채택하는 권한이 있다. 또 다른 역할로는 주요 이슈를 채택하거나 승인하고, 초안 보고서를 검토하고, 자원을 배분하거나 식별하고, 초기 이슈를 결정하거나 참여조직 간의 집행책임을 분담하거나, 광의의 목표와 전략을 수립한다.

셋째, 과업팀을 들 수 있다. 과업팀은 보다 넓은 참여를 보장할 수 있으며, 다수의 견해가 최종산물에 반영될 수 있는 장치이다. 과업팀에는 특별한 이슈나 전략의 수립, 분석을 위하여 폭넓은 관심과 의식을 가지는 사람들이 참가하도록 해야 한다. 고위직의 관리나 정책결정자가 과업팀이 되는 것이 상당히 바람직한데, 이들의 참여로 주요 이슈의 파악이나 전략에 대한 지원이 용이해지기 때문이다. 그러나 이들은 바빠서 전적으로 참여하는 것은 실제로 불가능하다. 과업팀의 규모는 15내지 20명 정도가 적당하다.

그러므로 계획과정에는 지역사회내의 다양한 집단과 조직의 대표가 참여해야 한다. 그러나 너무 많이 참여하면 합의에 이르기가 쉽지 않으며, 시간이 많이 소요되는 단점이 있다. 이에 반해 너무 적게 참여하면 합의에는 쉽게 이를 수 있으나 의미가 줄어드는 단점이 있다.

2. 환경의 탐색

민간의 전략계획이 공공계획에 기여하는 것 중의 하나는 환경의 탐색을 강조하는 것이다. Denhardt는 조직은 진공상태에서 존재하는 것이 아니라, 조직의 목적과 이러한 목표를 달성하기 위하여 환경이 제시하는 제약과 자원을 관련해서 봐야한다고 주장하고 있다. 이처럼 환경에 민감하게 대처해야 하는 것은 조직으로 하여금 보다 산뜻하고, 보다 계획에 초점을 맞추어야 하고, 대안적 행동과정과 연관된 상대적 위험을 이해할 수 있는 능력을 개선해야 하기 때문이다. 전략계획에서 환경의 탐색은 조직으로 하여금 시간과 공간을 넘어서 살피는 것을 장려하며 조직자체의 장점과 약점을 평가하도록 하는 것이다.

그러나 환경의 탐색도 공공계획에서 결코 새로운 것은 아니다.

환경탐색의 필요성은 1920, 30년대에 Mumford나 Mackaye 등 미국 지역계획학회의 학자들도 일찍부터 강조해온 것으로 광범위한 사회, 경제, 기술의 맥락아래 계획을 위해 명백히 필요한 계획이론을 수립하라는 주장과 상통한다. Etzioni도 광범위한 범위의 환경탐색을 주장했다. 또 최근에는 환경계획가들이 지방의 활동을 포괄적인 환경체계와 관련시켜야 한다고 주장하고 있다.

정확한 정보나 자료를 수집 분석하고 상황을 진단해야 하는 것은 어떤 계획에서나 필수적으로 요구된다. 기존의 전통계획에서도 종합적 조사와 분석, 관련된 모든 중요한 요인을 고려할 것을 강조하고 있다. 그러나 종합계획에서는 너무나 일차원적으로 세계를 인식하고 있다. 예컨대 종합계획의 목표, 목적, 정책들이 그 지역에 관여된 모든 주제들을 포함하고 있으며 계획, 정책, 행정단위들도 똑 같은 능력과 인센티브를 가지고 있는 것으로 상정하고 있다. 그러나 전략계획은 보다 다면적으로 지역사회의 능력을 평가하고, 기회와 위협을 연관시켜 강점을 극대화하고 약점을 최소화하기를 장려하고 있다. 이렇게 볼 때 전략계획과 종합계획에서의 환경의 탐색과 종합계획의 정보, 자료의 수집이나 상황의 진단은 그 강조의 정도나 접근상의 차이에 지나지 않는다.

1) 외부환경의 탐색

앞의 전략계획과정에서 이미 기술한 외부와 내부 환경의 분석이 이에 해당되는 부문이다. 그래서 어떤 외부요인은 기회가 될 수도 있으며, 어떤 것은 위협이 될 수도 있다. 의미있는 외부 요소는 그것이 기회이든 위협이 되든 상관없이 전략을 수립하는데 고려되어져야 한다. 세계는 급변하기 때문에 국가적으로나 세계적으로 중요한 변화는 조그만 지역사회에도 많은 영향을 끼치며, 상위정부의 경향이나 개발도 하위정부인 시나 군에도 많은 영향을 끼친다.

주요한 외부요인으로는 규제와 법률의 변화, 경제변화, 사회와 정치변화, 기술변화, 인구변화 등을 들 수 있다. 이들은 지역사회나 조직의 앞날에 크게 영향을 끼치는 외생적 요인이다. 이러한 외부의 힘과 경향은 4개의 기준, 즉 정치, 경제, 사회 및 기술(political, economic, social and technological: PEST)로 나누어지는데, PEST는 조직이나 지역사회에 작용하는 전형적인 요인인 셈이다. PEST는 도시사회학에서 O. D. Duncan이 주장하는 생-체계(Eco-system)의 POET(인구 ,조직, 환경, 기술)의 개념과 상통하는 개념이다.[16)]

2) 내부 환경의 탐색

내부 환경탐색의 목적은 주요 이슈에 가장 큰 영향을 끼치는 요인을 식별하는데 있다. 내부환경의 탐색에 있어 각종의 자원(인적, 경제적, 정보적, 능력별), 현재전략(전체, 기능별, 부서별), 성과(과거, 현재)의 파악이 중요하다. 또 사실과 의견을 수집하는 것도 중요한 과제가 된다. 사실은 현재의 위치를 객관적으로 평가하는데 유용하며, 의견은 타인의 인식을 파악하는데 도움을 준다. 한편 질적인 요소의 파악도 중요하다. 예컨대, 지역사회에 변화를 유도할 수 있는 적절한 지도자가 있는지, 새로운 프로그램을 집행할 적절한 기술을 가진 스태프가 있는지의 파악도 중요하다.

---

16) 전후의 도시생태학자인 A. Hawley는 도시를 체계로 보면서 이전의 경쟁의 측면보다는 적응(adaptation)을 강조했다. 그리고 O. D. Duncan은 도시를 생-체계(Eco-system)로 보면서 인구(Population), 조직(Organization), 환경(Environment), 기술(Technology)이 서로 독립적으로 또는 종속적으로 서로에게 영향을 끼치면서 POET의 체계를 형성한다고 한다.

3. 이슈의 선정

이슈란 기본정책이며, 이는 조직의 의무, 임무, 가치, 생산이나 서비스 수준, 고객이나 이용자, 비용, 재정, 조직이나 관리에 영향을 끼친다. 이슈는 정치적 의사결정에 핵심적인 역할을 하며, 이슈가 선정되고 해결되는 방법에 따라 전략계획의 과정은 많은 영향을 받는다. 이슈가 잘 선정되어지면 그 후의 결정도 정치적으로나 기술적으로 수인가능 해진다.

이슈의 선정으로 얻을 수 있는 이점은 진실로 무엇이 중요한가에 대해 관심을 끌 수 있으며, 변화에 필요한 유용한 긴장을 불러일으킬 수 있다. 그리고 이슈를 해결하는 방법에 대하여 유용한 단서를 제공하며, 참여자에게 계획의 실제화를 느끼게 하며, 보다 진지하게 만드는 것 등이다. 그러나 대부분의 이슈는 무엇이 행해지는지, 왜 행해지는지, 어떻게 행해지는지, 언제, 어디에, 누가 혜택을 받을 것인지 등에 대하여 갈등을 내포하고 있다. 이러한 갈등이 사람들을 끌기도 하고, 멀어지게도 하며, 참여자들에게 고양된 감정과 관심을 가지게도 한다.

한편 종합계획에는 목표와 수단의 모색이라는 상호 연결되는 행위가 반복된다. 이에는 가치와 목적의 명료화, 목적설정과 이에 따른 수단의 모색, 최적대안의 제시 등이 요구된다. 종합계획에서는 이슈가 기본정책이든 광의의 목표이든지 간에 종합계획의 속성을 벗어날 수 없다. 즉 종합적이어야 하고, 장기적이어야 하며, 일반적이어야 하고, 물적 개발에 초점을 두어야 하며, 물적 디자인의 제안과 지역사회의 목표와 사회·경제적 정책과 연관되어야 하며, 정책수단적이며 기술수단적인 광의의 목표이어야 한다. 이렇게 볼 때 목표보다는 이슈가 보다 동태적이고 구체성을 띤다.

4. 전략의 수립

전략계획은 지역사회로 하여금 경쟁적인 행동을 할 것을 권하고 있다. Toft는 경쟁적인 전략을 강조하고 있는데, 성공적인 지역사회는 그 자체가 경쟁의 산물로 봐야 한다는 것이다. 80년대 이후 시나 군, 지역은 서로 간에 경쟁적으로 되었으며, 경험있는 계획가들은 주변의 교외지역과 도시 간에는 경쟁적 관계인 것을 잘 알고 있다. 최근 계획가들도 산업경쟁이나 산업입지에 지역이나 국가 간에 경쟁적이라는 것을 잘 알고 있다.

경쟁에 대하여 민간의 전략계획과 공공계획과의 차이는 경쟁에 대한 인정보다는 경쟁에 대한 관점에 있다. 공공계획에서 경쟁에 대한 전통적 인식은 경쟁은 경제나 사회의 건전성에 방해되는 것으로 보고 있으며, 계획가나 계획이론은 협조를 장려하거나, 공동해결을 모색하는데 두고 있다. 그러나 전략계획에서는 경쟁을 불가피한 것으로 보고 있으며, 지역사회는 적당한 경쟁을 해야 하는 것으로 본다.

1) 전략의 의의

바람직한 계획의 결과는 여러 가지 전략을 제시하고 공식적인 전략계획의 필요성을 논의하면서 출발한다. 중요한 것은 전략적인 사고와 행동이다. 계획가는 여러 가지 전략 중에서 공식적인 합의를 이러도록 하여 전략적 행동의 합법성과 의사소통을 고양시킨다. 그리고 유용하고 필요한 행동이 선정되어야 한다. 기존의 현실에서 새로운 현실로의 전환을 용이하게 하는 행동이 중요하다.

전략수립으로 얻을 수 있는 혜택은 여러 가지가 있다. 첫째, 전략은 조직이 하는 일의 윤곽을 파악할 수 있게 하며, 조직의 창의성을 높이며, 나쁜 관행을 극복한다. 그리고 새로운 현실을 달성하기 위하여 유용한 행동을 도모하게 한다. 주요 전략을 집행하는 초기에는 조직의 학습을 용이하게 하며, 지속적인 집행노력을 통해 새로운 현실에 대한 정서적 유대가 점진적으로 나타나게 한다. 구성원들 간의 사기가 과업의 성취와 중요한 이슈의 해결을 통해서 고양될 수 있으며, 계획팀원들 간의 의사소통과 이해가 증진된다. 핵심적 관계자의 관심이 지속된다면, 전략을 동의하고 집행을 추진할 수 있을 정도로 크고 강한 유대가 나타난다. 이러한 이점들이 성취된다면, 조직은 효과적인 방법으로 계획과정을 추구할 수 있다. 그래서 Whitehead는 조직은 변화 속에 질서를, 질서 속에 변화를 추구해야 하는데, 이는 조직과 환경사이에, 또 과거와 미래 사이에 새롭고 효과적인 다리를 놓는 것이며, 이로써 사람들은 힘들지 않고 쉽게 다리를 건널 수 있게 된다고 주장한다.

2) 전략계획안

전략계획안은 형태와 내용에 따라 큰 차이가 있을 수 있다. 문서화되지 않은 것도 있을 수 있지만 보통은 공적인 계획안을 요구한다. 그래야만 참여자들이 자신의 역할과 책임을 알 수 있기 때문이다. 계획안은 전략적 성과를 판단하기 위한 기반을 제공하기도 하며 정치적 목적에도 기여한다. 이는 핵심적인 주체, 각 집단, 연합 사이의 협정의 산물이기 때문이다. 그리고 계획안은 선전과 의사소통의 서류로 작용하기도 한다.

계획안에 공식화된 형태가 있는 것은 아니지만 적절한 내용이 포함되어야 한다. 너무 단순해서도 안되며, 너무 장황해서 주의를 끌지 못해서도 안된다. 계획안에는 다음의 것들이 포함되어야 한다. 의무와 임무에 대한 설명, 상위 단위 전략에 대한 진술, 하위단위 전략에 대한 진술, 기능적인 전략에 대한 진술, 구체적인 프로그램에 대한 설명, 재정계획, 집행계획 등이다.

그리고 전략계획안을 마련하는 과정은 먼저 핵심적인 스태프에게 초안을 준비하는 과업을 할당하고, 초안이 마련되면, 핵심적 의사결정자, 관계위원, 여러 관계자들이 이 초안을 검토한다. 여러 관계자의 의견에 따라 여러 번의 수정이 이루어져야 한다. 그 뒤 핵심적 의사결정자가 최종 점검을 하면 계획안이 공식적으로 채택된다.

5. 행동과 집행지향성

1) 행동계획의 공개

행동계획은 집행을 점검하기 위한 기초가 되기 때문에 요약된 형태로 공개되어야 한다. 그 내용을 알리는 방법으로는 라디오나 뉴스레터, TV 등을 이용할 수 있다. 그리고 행동계획은 범위가 제한되고 시간의 틀이 단기적이어야 하고 환경에 보다 민감해야 결과지향적이 된다.

2) 집행지향성

전략계획은 집행에 특징을 두고 있다. 전략계획의 핵심은 계획지향성 보다는 집행지향성에 있다. 이의 초점은 결정적 이슈에 희소자원을 배분하는 것이다. 그래서 집행은 과학이라기보다는 예술이라 할 수 있다. 전략계획을 수립하는데 있어, 흔히 계획을 후원하는 기관이 집행의 책임도 가지려는 경향이 있다. 전략은 예산과 연계되어야 하며 집행계획의 성공의 핵심은 년간계획이나 예산순환과의 연계에 좌우된다. 시와 군의 전략계획이 제대로 이루어지려면 성공적인 자원배분이 이루어져야 하며, 외부의 자원과 지원도 필요하다.

3) 집행상 유의할 점

전략계획에서는 자원을 화폐 이외에도 전문성, 권위, 시민의식, 무형의 것 등 포괄적 개념으로 본다. 그리고 계획에는 집행을 위한 실천성과 구체성, 세부성, 법적 강제성이 결여되어 있는 경우가 많다. 이를 보완하고 강화해야 하며, 정치적 상황이나 지도자의 성향에 따라 임의적으로 집행이 좌우되는 경우가 많은데, 집행의 우선순위와 기준을 확립해야 한다. 그리고 사회간접자본이나 하부시설의 제공을 위해 파트너십이나 민자유치가 제도적으로 마련되어야 하는 것 등이 고려되어져야 한다.

6. 점검과 수정

점검과 수정에 있어 유의할 사항들은 다음과 같다. 점검이나 수정은 추가의 자원이나 시간을 배분하는 것이므로 처음부터 일정한 재원을 미리 확보해 놓는 것이 필요하다. 전략계획의 가정이나 전제가 변했다면, 특히 정치적 격변과 상위계획의 변경으로 계획의 전제가 바뀌었다면 계획안을 새로 마련하기보다는 주요 전략이나 내용을 이에 맞추어서 수정하는 것이 필요하다. 그리고 성과나 결과를 평가하는 구체적 척도나 장치의 마련이 있어야 하며, 필요에 따라서는 점검위원회를 구성해야 한다.

제3장 전략계획의 성격

공공조직의 리더와 관리자들은 근래 여러 가지 도전과 변화를 경험하고 있다. 환경과 조직의 변화는 각 분야의 상호연결성이 커짐에 따라 심화되고 있으며, 이러한 상호연결성의 증가는 기존의 경계 즉, 국내와 해외, 정책 분야, 그리고 공공과 민간부문 사이의 경계를 허물고 있다. 이러한 경계의 무너짐은 이제는 하나의 조직이나 기관이 전적으로 책임을 지기보다는, 여러 조직이나 기관이 참여하거나 영향을 주거나 책임을 공유해야 한다. 이렇게 증가된 역할의 모호함은 공공조직(지역사회)이 전략적으로 사고하고 행동하기를 요구하게 되었다. 전략계획은 공공조직(지역사회)이 그렇게 하는 것을 도우기 위해 설계되었다. 또 최근에는 내부관리, 재조직화, 팀구축, 리더십개발, 컨설팅 등의 분야에 적용범위가 확대되었다.

1. 전략계획의 목적과 편익

전략계획이란 조직이 무엇이며, 무엇을 하며, 왜 하는 지를 구체화하고 유도하는 기본결정과 행동을 만들어내는 숙련된 노력으로 규정할 수 있다. 전략계획은 소통과 참여를 용이하게 하며, 다양한 이해와 가치를 수용하며, 슬기롭고 합리적인 의사결정을 조성하며, 성공적인 집행을 돕는다. 실제로 전략계획은 대기업이나 회사에서 주로 사용해 왔으며, 80년대 까지는 군대 조직에서 주로 사용해 왔다. 그런데 최근에는 다음과 같은 조직에도 전략계획이 활용되는데, (1)공공기관과 그 부서, (2)정부기관, (3)공공서비스를 제공하는 공익조직, (4)특수한 서비스를 제공하는 조직, (5)조직간 네트워크, (6)지역사회 등이다.

전략계획은 조직을 위해 다음과 같은 편익을 제공한다.

(1)전략적인 사고와 행동을 증진시킨다. 이는 조직의 외부와 내부 환경과 여러 주체의 관심사에 대한 체계적인 정보 수집을 유도하며 조직의 학습에 관심과 조직의 미래방향의 명료화와 행동을 위한 조직의 우선순위의 설정을 강조한다. (2)전략계획은 의사결정을 개선시킨다. 전략계획은 조직이 직면하는 도전과 결정적 이슈에 관심을 집중하기에, 핵심적인 의사결정자가 해야 할 일을 설정하는데 도움을 준다. 이처럼 전략계획은 조직의 전략적 의도를 공식화하는데 도움을 준다. 이는 조직이 미래의 결과의 관점에서 현재의 결정을 하는데 도움을 준다. (3)조직의 대응을 개선시키고 성과를 증진시킨다. 전략계획을 활용하는 조직은 조직의 주요한 이슈를 분명하게 하며, 외부와 내부의 수요와 압력에 현명하게 대처하며, 급격하게 변하는 상황에 효과적으로 대처하게 한다. (4)전략계획은 조직 구성원에게 직접적인 혜택을 준다. 전략계획은 구성원으로 하여금 팀워크나 전문성을 보다 잘 발휘할 수 있게 한다.[17)]

---

17) 전략계획은 ①조직에 영역을 부여한다. ②조직으로 하여금 보다 적극적으로 만든다. ③정부조직, 관리자, 조직의 고용자로 하여금 미래지향적으로 만든다. ④조직이나 관리자로 하여금 새로운 계획기법의 방법으로 교육시킨다. ⑤조직에게 내적, 외적 변화하는 조건에 적응하는 전략으로 동의하게 한다. ⑥조직의 우선순위와 자금의 요구를 설정하도록 돕는다. ⑦재정적 안정과 조직의 안정을 제공한다. ⑧고용인에게 방향을 제시한다. ⑨조직과 지도자에게 신뢰성과 공적인 신뢰성을 조장하는 등의 장점이 있다.

2. 전략계획이 바람직하지 않는 경우

전략계획이 항상 바람직한 것은 아니다. 다음의 경우에는 전략계획을 추진하는 것이 바람직하지 않다. (1)지붕이 붕괴되었을 때이다. 이의 예로는 조직의 자금사정의 해결이 시급하거나, 핵심리더가 공석이 되었을 경우이다. (2)기술과 자원과 의사결정자의 관심이 부족하다면, 전략계획은 시간낭비가 될 수 있다. 이럴 경우 필요한 기술과 자원과 관여를 개발하기 위하여 집중적인 노력이 필요하다. (3)비용이 편익을 초과하거나 시간과 자금을 다른 곳에 활용하는 것이 더 낫다면, 전략계획은 쓸모없게 된다. (4)많은 조직은 공식적 계획과정보다는 아주 뛰어 난 리더의 직관이나 비전에 더 의존하는 것을 선호한다. 만약에 이러한 리더가 전략적 마음과 경험을 가지고 있다면, 전략을 개발할 목적으로 전략계획을 할 필요가 없다. 그러나 한사람의 리더가 모든 정보나 관여를 독점할 수 없기 때문에, 보다 구조화되고 공식화된 전략계획과정이 필요하다. (5)많은 조직은 점진적 의사결정이나 이해 당사자 사이의 상호조정이 유일한 과정일 때가 있다. 점진주의는 조직 내의 현존하는 자원과 권한배분을 정당화하며, 분리된 부분이 기회를 추구하는 것을 허용한다. (6)집행이 아주 불투명할 때 전략계획은 시도하지 않는 것이 바람직하다. 집행이 어려울 때에는 추가의 자원이나 관심을 집중하여야 한다.[18]

---

18) 전략계획은 ①조직이나 최고 관리자의 지원이 부족하다. ②외부의 자문가들이 계획과정에 참여할 때 조직의 재정능력을 초과한다. ③시간의 낭비가 많다. ④정치적으로 민감한 이슈를 확대시킨다. ⑤조직 안에 내재하는 변화에 대한 저항에 직면한다. ⑥적절한 집행이나 관여의 부족으로 인해 택할 수 없는 행동들을 요구한다. ⑦조직

3. 유사하지만 전략계획이 아닌 것

전략계획은 만병통치약은 아니다. 전략계획은 리더나 관리자나 계획가로 하여금 전략적으로 사고하고 행동하도록 도우기 위해 고안된 개념이나 절차나 도구의 집합이다. 현명하고 기술적으로 잘 사용되면, 전략계획은 조직으로 하여금 효과적인 결정과 행동을 만들 수 있다. 그러나 다음의 것은 전략계획과 유사하지만, 반드시 일치하는 것은 아니다. (1)전략계획은 전략적 사고와 행동을 위한 대체물은 아니다. 조심하지 않으면, 전략계획은 전략적 사고와 행동을 배제하게 된다. (2)전략계획은 리더십의 대체물은 아니다. 리더십의 대체보다는, 의사결정자나 과정의 주도자는 계획과정에 깊이 관여해야 한다. (3)전략계획은 단순한 미래의 예측은 아니며, 선형적이거나 평탄한 과정은 아니다. (4) 전략계획은 조직의 전략을 만드는 것과 동의어가 될 수 없다. 조직의 전략은 다수의 원천이 있으며, 계획된 것도 있고 비계획적인 것도 있다. 그러나 전략계획은 계획된 것으로 의도의 진술이며, 실제로 실현되어져야 한다. 그리고 전략계획은 특정한 과정이나 계획안의 도출에 너무 집착하지 말고, 개방적으로 운영되어야 한다.

4. 정치적 의사결정

의사결정을 하는데 있어 합리적 계획모형은 연역적 접근이다. 이는 목표에서 시작해서 정책, 프로그램 그리고 행동의 순이다.

이 현재 인정하지 않는 요소들을 예측함으로서 모험을 하게 한다. ⑧조직의 약점이나 관리부족을 노출하는 등의 단점이 있다.

이는 목표를 성취하기 위해 연역적으로 행동하는 것이다. 연역적 접근으로는 전통적 계획이론이 대표적이다. 합리적 계획모형의 기본가정이 성립하기 위해서는 목표나 정책이나 프로그램이나 행동에 관해 합의가 있거나, 또는 강력한 권한이나 권위를 가진 자가 있을 때 가능하다. 그런데 이러한 가정은 모든 상황에 적합하지 않으며, 단지 집권적이거나 권위적이거나 군사적인 관료제 아래서만 이러한 가정이 지지를 받을 수 있다. 이와 대비되는 정치적 의사결정 모형은 귀납적 접근이다. 이는 이슈에서 출발하며, 합의가 아닌 갈등을 내포한다. 갈등은 목표, 수단, 시점, 입지, 정치적 이해, 변화의 이유, 철학 등에서 발생한다. 이슈를 해결하기 위한 노력이 진행됨에 따라 관계하는 집단 사이에 정치적으로 합당한 정책이나 프로그램이 제기된다. 그리고 시간이 경과함에 따라 보다 일반적인 정책들이 설정된다. 실제로 여러 가지 정책이나 프로그램은 다양한 관계자 사이의 협정이다. 이에는 완전한 합의가 있을 수도 있지만, 적어도 관계자 사이의 일정한 수준의 동의가 있어야 한다. 즉, 정치적 의사결정모형은 이슈에 대한 정치적 의사결정을 강조하며, 이러한 이슈의 해결을 모색하는데 있다. 그러므로 좋은 전략계획은 정치적 의사결정자로 하여금 보다 효율적으로 만드는데 있다. 실제로 규모가 큰 공공조직의 의사결정자는 정치적 결정자이기에, 전략계획은 큰 조직에 도움이 될 수 있다. 따라서 전략계획은 조직 내에서 행해지는 정치적 의사결정과 정책과 프로그램을 실제적으로 개선시킬 수 있다.

5. 요약

본 장은 전략계획이 무엇이며 그리고 왜 중요한지를 논의하였다. 전략계획의 중요성은 공공조직이나 지역사회가 급변하는 상황에 효과적으로 대처하도록 도우는 것에 근거를 두고 있다. 공공조직과 지역사회를 둘러싸고 있는 환경은 지난 시기뿐만 아니라 앞으로도 급변할 것이다. 전략계획은 전략적으로 사고하고 행동하도록 조직의 능력을 높이는 것을 의도한다. 이는 조직이 직면하는 중요한 이슈를 공식화하고 해결하는 것을 돕는다. 이는 조직으로 하여금 강점을 구축하고 주요한 기회를 활용하도록 하며, 약점이나 심각한 위협을 극복하거나 최소화하는 것을 돕는다. 이는 경쟁적인 세계에서 조직이 보다 효과적이 되도록 돕는다. 전략계획은 리더십이나 관리적 혁신이며, 이는 정치적 의사결정 안에서 수용되고 구축된다. 중요한 이슈의 제기와 해결이 정치적 의사결정의 핵심이다. 전략계획은 조직이나 이해관계자나 사회에 이득이 되는 방향으로 이슈가 제기되고 해결되는 것을 도움으로서, 정치적 의사결정을 개선시킨다.

제4장 민간의 전략계획

전략계획은 민간기업에서 시작된 계획기법인 만큼 이것이 민간기업에서 사용되는 방법을 살펴보아야 한다. 전략계획은 본래 조직의 문제나 성과의 개선에 중점을 두고 있다. 그러나 민간의 전략계획이 공공부문에 적용 가능하다는 주장에 따라 교통이나 의료와 같은 기능계획이나, 지역사회의 문제해결에 전략계획의 개념과 절차와 수단들이 적용되게 되었다. 민간부문에서 발전된 전략계획은 그 접근방법에 따라 크게 여섯 가지로 나누어 볼 수 있다. 그 접근방법들의 특성과 전제와 장단점 및 공공부문의 적용가능성 등을 살펴보면 다음과 같다.

1. 하버드 정책모형

하버드 정책모형은 1920년대부터 하버드 비즈니스 스쿨에서 경영정책과정으로 강의해 왔다. 이 모형의 주요 목적은 기업발전을 도우고 기업과 환경에 가장 적합한 것, 즉 기업에 가장 좋은 전략을 개발하는데 있다. 좋은 전략이란 회사의 장점과 단점을 분석하며, 기업의 사회적 책임과 변화하는 환경에서 기회와 외부의 위협을 식별할 수 있다는 것이다. 하버드 모델은 정부나 기관의 내부의 장점과 단점, 핵심적 관계자의 가치, 외부의 위협, 정부나 기관에 영향을 끼치는 위임 내지 법규 등에 관심을 기울이도록 했다.

하버드 정책모형은 전략적 비지니스 단위에 잘 적용된다. 장점,

단점, 기회, 위협에 대한 체계적 평가가 가능한 것이 이 모형의 장점이다. 이러한 요소들은 조직, 기능, 지역사회와 같은 공공부문에도 잘 적용될 수 있다. 이 모형의 단점은 전략들을 어떻게 개발할 것인가에 대하여 구체적인 설명이 없다는 것이다. 단지 효과적인 전략이란 장점의 기반 위에서 기회를 활용하고, 단점과 위협을 극복하거나 최소화하라는 것 이외에는 별 다른 언급을 하지 않고 있다.

2. 전략적 계획체계

이는 전략계획을 관리자가 결정하고, 집행하고, 통제하는 체계로 간주한다. 전략계획체계는 포함되어야 할 결정분야의 종합성, 결정과정의 공식적 합리성, 결정의 집행에 작용하는 통제의 엄격성에 따라 달라진다.

실질적인 종합성, 의사결정에 있어 공적인 합리성, 엄격한 통제로 특징지워지는 전략계획의 체제는 분명한 임무, 분명한 목적과 목표, 집권화된 권위, 분명한 성과지표 및 적당한 비용으로 이용가능한 실제성과에 대한 정보를 가진 조직 안에서만 작동한다. 그리고 이 체계에는 전략적 이슈의 선정, 전략의 개발, 전략의 집행이라는 3단계가 포함된다. 이 체계는 조직에는 적용가능 하지만, 기능계획이나 지역사회의 계획에는 필요조건과 맞지 않아 적합하지 않다.

전략적 계획체계의 장점은 조직전략의 여러 가지 요소들을 수준과 기능에 따라 조정하려고 시도하는데 있으며, 이의 단점으로는 지나친 종합성, 기술성, 통제 등으로 사명, 전략, 조직구조를 간과할 여지가 많은데 있다.

3. 관계자 관리방법

이 방법은 여러 관계자들의 다양한 요구들을 고려하는 접근이다. 여기서 관계자란 조직의 미래에 영향을 줄 수 있거나 또는 영향을 받는 어떤 개인이나 집단을 의미한다.[19] Bryson 등은 조직의 임무와 가치는 관계자의 관점에 따라 공식화되어야 한다고 주장했다.

이 모형의 장점으로는 내부인과 외부인에 의해 조직에 부과되는 많은 요구들을 인정하고 조직의 생존을 위해서는 적어도 핵심 관계자들을 만족시킬 필요성이 있음을 지적한 데 있다. 이의 단점으로는 경쟁적 요구들을 판단하는 분석기준이 없으며, 다양한 관계자들의 이해를 다루는 전략들을 개발하는 방법에 대한 자문을 받을 필요성이 많은데 있다. 이 접근방법은 의사결정자 사이에 합의가 있는 조직이나, 기능이나, 지역사회에 적용가능하다.

4. 내용접근들

내용접근은 과정접근하고는 대칭되게, 일차적으로 내용과 해답을 도출하는데 목적을 두고 있으며, 두 가지 방법이 있다.

1) 포트폴리오 모형

이 방법의 장점은 전략적으로 중요하다고 간주되는 차원에 대해 어떤 종류의 실체(예 사업, 투자, 제안 등)를 측정하는 방법을 제공

---

19) 관계자(stakeholder)란 조직에 영향을 받거나 영향을 끼치는 개인이나, 집단이나, 외부 부서들이다. 그 예로는 특정한 이익집단, 공급자, 노동조합, 고용인, 정책결정자, 자문집단 등을 들 수 있다. 어떤 전략계획과정이든 이들의 견해가 고려되거나 자문되도록 해야 한다.

하는데 있으며, 이의 단점으로는 적절한 전략적 차원이 어떤 것인지, 분석도구의 사용방법을 잘 모르는데 있다. 이 방법은 경제, 사회와 정치적 차원이 특정될 수 있고 비교되는 실체가 식별되고, 결정하고 집행하는 집단이 존재하면은 조직이나, 기구, 지역사회의 전략을 결정하는 공공부문에 활용될 수 있다.

2) 경쟁분석

산업을 형성하는 힘을 분석함으로써 일반적 이윤수준이나 특정한 전략을 예측하는 방법이다. 산업에 작용하는 힘으로 고객의 상대적 힘, 공급자의 상대적 힘, 대체생산물의 위협, 새로운 진입자의 위협, 상대적 활동의 양을 들고 있다.

경쟁분석의 장점은 산업내의 전략적 사업단위가 직면하고 있는 전략적 선택과 산업을 평가하는 체계적 방법을 제공하는데 있다. 이의 단점으로는 산업의 실체와 어떤 힘이 작용하는지 알기 어려운데 있다. 또 공공조직에서 조직이 성공하기 위해서는 어떤 경우에는 경쟁보다는 협동이 더 필요하다. 그러므로 공공부문에서의 경쟁분석은 사회정치적 힘을 고려해야할 뿐만 아니라, 협동의 가능성도 고려해야 한다는 지적도 있다. 경쟁분석은 조직이나 기능분야에는 부분적으로 적용가능 하지만 지역사회의 전략수립에는 적용하기 어렵다.

5. 전략이슈의 관리

이는 전략계획과정의 한 단계로 전략적 이슈의 인식과 선정에 중점을 두는 방법이다. 전략이슈의 관리는 분리되고 빠른 대응이 요구되기에, 기업뿐만 아니라 공공기관이나 정부기관에서도 활용될 수 있다.

이의 장점으로는 핵심적 이슈를 빠르게 인식하고 분석할 수 있는 점이며, 단점으로는 어떻게 분석의 틀을 짜야 하는지에 대해 특별한 가이드가 없다는 점이다. 이 방법은 어떤 집단이나 조직이 이슈를 관리할 수 있다면 조직이나 기능 및 지역사회의 공공부문에 적용할 수 있다.

6. 과정전략

과정전략 접근방법은 다음과 같이 세 가지가 있다.

1) 전략적 협상

전략적 협상은 여러 부문에 걸쳐 연결되어 있고, 전략은 이러한 맥락에 걸쳐있는 행동과 가치의 흐름으로 간주된다. 더욱이 협상이 계획의 연구와 실제에 있어 중요성을 더해 가기에 주목을 받는다.

이의 장점은 힘이나 권력은 공적 상황에서는 대부분 공유되어 있고, 조직이 자기들의 목적을 달성하기 위해서는 경우에 따라서는 협조와 협상을 해야 하는 것을 인정하는데 있다. 이 방법은 조직이나 기능 및 지역사회 모두에 적용가능하다. 이의 단점은 계획가로 하여금 정치적으로 수인가능한 결과에 이르는 방법을 예시하고 있지만, 결과에 대한 민주적 책임성이나 기술적 작업가능성을 확신시키는데 도움이 되지 못한다.

2) 논리적 점진주의

논리적 점진주의는 전략의 형성과 집행을 용해시키는 과정적 접근이다. Quinn이 논리적 점진주의를 발전시켰는데, 그는 Lindblom

으로부터 많은 영향을 받았다.

이의 장점은 복잡성과 변화를 처리하는 능력이며, 큰 결정뿐만 아니라 작은 결정도 강조하고 있으며, 공식적 과정뿐만 아니라 비공식적 과정, 정치적 영역에도 관심을 기울이도록 하는데 있다. 이의 단점으로는 느슨하게 연결된 결정이 조직의 목적을 성취하는데 부담이 된다는 점에 있다. 논리적 점진주의는 공공의 조직, 기능, 지역 내지 지역사회에 아주 쉽게 적용될 수 있다.

3) 혁신을 위한 틀로서 전략계획

이 접근은 전략대신에 혁신을, 전략을 지원하는 특별 관리팀제[20], 성공비전의 개발, 기업가적 문화의 양성 등을 중시하는 것이 특징이다. 이의 장점으로는 중앙통제를 유지하면서 혁신과 기업성을 살리는 접근이며, 단점으로는 비용이 많이 들고, 실수가 혁신의 과정의 일부로 행해질 수 있다는 것이다. 그리고 공공부문에는 이 방법을 적용하기 어려운데, 이는 공공조직은 오류나 실수를 가능한 허용하지 않으려 하기 때문이다.

4) 요 약

지금까지 기술한 민간부문의 전략계획의 종류와 특성, 장점과 단점, 그리고 공공 부문에의 적용가능성을 요약하면 다음과 같다.

첫째, 민간의 전략계획은 단일의 개념이나 과정이나 도구가 아니다. 더욱이 민간의 접근은 조건이나 적용가능성에 있어 차이가 많으며, 계획과정에 있어 강조하는 부문이 각각 다르므로 획일적이

20) 특별관리팀제란 프로젝트팀, 모험투자그룹, 다양화, 획득, 연구개발, 새로운 생산물, 시장그룹, 조직개발기법의 다양성을 활용하는 것이다.

될 수 없다.

둘째, 공공 부문의 전략계획과정은 사고와 행동을 유도하는 유용한 틀이지만, 이는 주어진 상황에 따라 조심스럽게 적용되어야 한다. 모든 계획과정이 특정한 상황에 적합해야 하기 때문에 실제로 모든 과정은 혼합물이 되기 쉽다.

셋째, 계획가들이 전략계획에 대해서 잘 알고 있어야 한다. 최근에 공공조직의 환경이 급변하고 있기에, 선출된 공무원이나 공공관리자나 계획가는 변화에 효과적으로 대처하는 전략의 형성과 관리에 관심을 기울이어야 한다. 전략계획은 일련의 개념과 과정과 도구를 제공하기 때문에 계획가들은 전략계획에 숙달되어 있어야 한다.

넷째, 계획가의 역할이 기술자이냐, 정치인이냐, 또는 이 둘을 겸비하는 자이냐 하는 문제가 계속 제기되어져 왔지만, 대체로 계획가는 이 둘을 겸비해야 하는 것으로 수인되고 있다. 더욱이 전략계획이 계획과 의사결정을 융해하는 경향이 있으므로 조직과 지역사회 내에서 수준과 기능에 따라 의사결정자로서와 전략계획가로서의 역할을 다해야 한다.

다섯째, 전략계획의 지식과 실제를 발전시키기 위해서는 이론과 실제에 대한 연구가 필요하다. 전략계획의 모형에는 주요한 상황적 요인을 특화하는 문제, 전략을 형성하고 집행하는 문제, 상충하는 목표와 목적을 처리하는 문제, 내용과 과정을 연결하는 문제, 경쟁과 협조를 다루는 문제, 계획가의 역할을 특화하는 문제 등이 포함되어야 한다. 이러한 이론발전이 조직이나 기능계획이나 지역사회의 계획에 있어 전략계획의 적용가능성을 높이게 한다.

제2편 전략계획과정*

---

* 제2편은 Bryson, John M. 1995. 「Strategic Planning for Public and Nonprofit Organizations : A Guide to Strengthening and Sustaining Achievement」2nd ed., Jossey-Bass Pub., San Francisco. 을 번역한 것이다. 그리고 이 번역에 대해 미국 John Wiley & Sons, Inc. 출판사와 소정의 번역료를 지불하고 2010년 번역출판의 계약을 하였으며 이 책의 중요한 부분을 요약해서 번역한 것이다.

제 1 장 전략계획과정

전략계획과정은 전략전환 사이클(strategy change cycle)이며, 이는 많은 연구와 실제적 경험의 산물이다. 전략계획과정은 보다 순서적이며, 신중하며, 참여적이다. 전략계획과정의 각 단계마다 행동과 결과와 평가가 제시되어야 한다. 즉, 집행과 평가가 과정의 끝에 추진되기 보다는 매 단계마다 통합되고 계속되는 부분이 되어야 한다. 전략계획과정의 10단계를 약술하면 다음과 같다.

1. 전략계획과정의 합의와 시작

첫 번째 단계의 목적은 내부의 핵심적 의사결정자와 오피니언 리더 사이에 전반적인 전략계획노고와 핵심적 계획단계에 대해 합의를 협상하는데 있다. 조직 내부의 핵심 의사결정자의 관여와 지원은 전략계획의 성공에 결정적이며, 특히 조직 외부의 핵심 의사결정자의 관여는 공공프로그램의 성공에 결정적이다. 착수자의 첫 번째 과업은 누가 핵심적 의사결정자인지를 파악하는 것이며, 다음으로 어떤 사람, 집단, 단위, 조직이 관여해야 하는 가를 파악하는 것이다. 초기합의는 의사결정자, 집단, 단위, 조직의 특정인과 협상하는 것이다. 공공조직을 위한 전략계획은 조직이 효과적인 정책결정체를 가지고 있으면 잘 추진된다.

합의에는 다음의 요소가 포함되어야 한다. (1)노고의 목적, (2)과정에 있어 선호되는 단계, (3)집단이나 위원회의 역할과 기능과 멤버십, (4)전략계획팀의 역할과 기능과 멤버십, (5)필요한 자원. 그리고 노고에 대한 주요한 한계나 경계 등이다.

2. 조직 의무의 식별

조직에 부과된 공식 및 비공식 의무는 조직이 반드시 해야 하는 것들로 구성된다. 실제로, 대부분의 조직은 조직이 공식적으로 해야 하는 의무가 무엇인지 잘 모른다. 일반적으로 조직의 관련된 법규, 규정, 헌장, 문헌, 계약 등을 정독하는 구성원은 거의 없다. 아울러 조직의 비공식 의무를 분명하게 이해하는 구성원도 아주 적다.

대부분의 조직은 다음과 같은 실수를 한다. (1)대부분의 조직은 해야 하는 것을 잘 모르기에, 그것을 처리할 가능성이 적다. (2)대부분의 조직은 실제로 자신들의 행동에 많이 제약을 받는다고 믿는다. (3)대부분의 조직은 어떤 것을 명시적으로 지시를 받지 않으면, 그것을 하는 것이 허용되지 않는다고 믿는다.

3. 조직의 임무와 가치의 명료화

조직의 임무는 조직의 존재이유와 존재의 사회적 정당성을 제공한다. 공공조직에 있어 임무는 사회적 또는 정치적 필요이다. 이렇게 볼 때, 조직은 그 자체가 목적이 아니며, 목적에 대한 수단으로 봐야 한다. 그리고 지역사회도 가치를 언급하는 방법과 여러 이해관계자의 사회 및 정치적 필요에 대처하는 방법에 기반을 두고 그 존재를 정당화해야 한다. 임무를 식별하는 것은 조직의 존재를 단순히 정당화하는 것 이상이다. 목표의 명료화는 조직 내의 불필요한 갈등을 제거할 수 있으며 토론과 활동을 생산적으로 연결시킬 수 있다. 조직의 목표는 조직이 협력하거나 경쟁하는데 있어 분야를 한정하며, 미래과정을 나타낸다. 더욱이 중요하고 사회적으로 정당화되는 임무는 핵심적 이해관계자의 영감의 원천이 된다.

이해관계자는 조직의 관심, 자원, 산출에 대해 권리를 부과할 수 있는 개인, 집단, 조직으로 정의된다. 정부의 이해관계자의 사례로 시민, 납세자, 서비스 수혜자, 통치단체, 고용인, 노동조합, 이해집단, 정당, 금융기관, 업체, 다른 정부 등이다. 공공조직의 이해관계자의 사례로 고객, 소비자, 지불자, 기금자, 고용인, 이사회, 자원봉사자, 다른 공공조직 등을 들 수 있다. 이해관계자의 관심에 대한 집중이 아주 중요한데, 이는 공공조직(지역사회)의 성공의 핵심은 핵심적 이해관계자의 만족이 중요하기 때문이다.

이해관계자의 분석은 의사결정자와 계획팀이 조직을 둘러싸고 있는 정치에 스스로 몰두하는 것이 하나의 방법이다. 상황의 정치적 측면의 이해는 전략적 이슈를 식별하고 효과적인 전략을 개발하는데 중요한 단서를 제공한다. 그리고 관계자분석은 윤리적으로 필요하다. 이는 이해관계자의 이해와 관심을 이해함으로서 조직은 윤리적으로 행동할 가능성이 크기 때문이다. 이해관계자 분석에 있어 첫 단계는 조직의 이해관계자가 누구이며, 조직의 성과를 판단하는 기준은 무엇이며, 이러한 기준에 따라 조직이 잘 수행하는가를 계획팀이 식별하기를 요구한다. 추가적으로, 이해관계자가 어떻게 조직에 영향을 주는지, 조직이 필요로 하는 것이 무엇인지, 중요한 이해관계자는 누구인지 등을 고려해야 한다. 이해관계자 분석은 조직이 여러 가지 임무와 전략을 가질 필요가 있는지, 변경된 의무를 모색해야 하는 지 등을 분명하게 한다.

이해관계자 분석이 끝나고 나면, 계획팀은 임무의 진술을 전개할 수 있다. 임무의 진술은 그 자체가 짧아야 한다. 그러나 임무의 진술은 조직의 정체성, 목적, 핵심 이해관계자의 반응, 이의 철학, 핵심 가치, 윤리적 기준 등에 대한 진지한 논의로 전개되어야 한다. 이러한 논의는 조직의 미래에 대한 기술을 위한 기본적 개요 또는 성공의 비전을 제공한다.

4. 조직의 외부와 내부 환경의 평가

계획팀은 기회와 위협을 파악하기 위하여 외부의 환경을 탐색해야 한다. 아울러 강점과 약점을 파악하기 위하여 내부의 환경을 탐색해야 한다. 기본적으로 외부의 요소는 조직의 통제 밖에 있는 것이며, 내부의 요소는 조직에 의해 통제되는 것이다. 기회와 위협은 일반적으로 현재보다는 미래에 더 많이 관련되며, 강점과 약점은 미래보다는 현재에 관한 것이 많다. 기회와 위협은 정치, 경제, 사회, 기술, 교육, 물적 환경의 힘이나 경향의 다양성을 점검함으로서 발견할 수 있다. 점검하는 경향이나 사건 이외에, 계획팀은 외부의 중요한 이해관계자, 특히 자원의 공급에 영향을 주는 것들을 점검해야 한다.

외부의 집단으로는 소비자, 고객, 지불자, 규제자, 관련된 정책기관 등이 포함된다. 계획팀은 경쟁자, 경쟁력, 경쟁적 이점의 가능한 원천, 협력자, 협력의 힘, 협력이점의 잠재적 원천 등에 관심을 가져야 한다. 이해관계자 분석과 함께 기회와 위협에 집중은 조직의 핵심적 성공요소를 식별하는데 사용될 수 있다.

성공요소란 조직이 반드시 해야 하는 것들 또는 조직이 외부환경과 관련하여 성공하기 위하여 부딪쳐야 하는 기준이다.

내부의 강점과 약점을 파악하기 위하여 조직은 자원(투입), 현재전략(전략), 성과(산출)를 점검한다. 그러나 조직은 현재전략의 분명한 아이디어를 가지지 못하는 경향이 있다. 성과정보의 결여도 조직이나 이해관계자에게 문제를 제기한다. 이해관계자들은 자신들이 선택한 기준에 따라 조직을 판단하는데, 이것은 조직이 선정하는 기준과 반드시 일치하는 것은 아니다. 만약 조직이 이해관계자의 성과기준을 효과적으로 대처할 수 없다면, 이해관계자들은 지원을 철회할 수도 있다.

성과정보의 결여는 조직의 주요한 갈등을 초래한다. 성과기준이나 정보가 없으면, 대안적 전략의 상대적 효율성, 자원배분, 조직설계, 권한배분 등을 평가하는 방법이 없다. 성과를 측정하는 것이 어렵지만, 조직은 계속해서 효율적인 성과를 제시하기를 요구받는다.

미국에서는 1993년 정부성과와결과법(Government Performance and Results Act(GPRA, Public Law 103-62)을 제정하여 명시적 성과에 대한 바람을 나타내고 있다. 이 법에서 연방기관들은 1996년까지 투입이나 과정의 측정보다는 결과에 기반을 둔 전략계획안을 요구하고 있다.

5. 조직이 직면하는 전략적 이슈의 식별

전략적 이슈란 조직의 의무, 임무, 가치; 생산과 서비스의 수준; 고객, 사용자, 지불자; 비용, 재정, 조직, 관리 등에 영향을 주는 기본적인 정책문제 또는 결정적 도전 등이다.

전략계획은 조직과 환경사이에 가장 적합한 것을 성취하는데 집중한다. 일반적으로 조직이 생존하고 번성하기 위해서는 전략적 이슈를 효과적이고 신속하게 처리하는 것이 중요하다. 전략적 이슈는 여러 종류의 갈등을 포함한다. 갈등으로는 목적(무엇), 수단(어떻게), 철학(왜), 입지(어디에), 시기(언제), 사람(누구) 등을 포함할 수 있다. 제기되는 전략적 이슈를 효과적으로 해결하기 위하여, 조직은 예상되는 불가피한 갈등들을 처리할 준비를 해야 한다. 전략적 이슈의 진술에는 3개의 요소를 포함한다. (1)이슈는 간결하게 기술되어야 한다. (2)이슈를 기본적 도전으로 만드는 요소는 작성되어야 한다. (3)계획팀은 이슈를 지적하지 않는 것의 결과도 준비해야 한다.

전략적 이슈에는 3개의 종류가 있다. (1)현재 조직의 행동이 요구되지 않지만, 계속해서 점검되어야 하는 것. (2)지금 제기되어서 지금이나 가까운 장래에 어떤 조치가 요구되는데, 이러한 이슈의 대부분은 정규적 계획과정의 한 부분으로 처리될 수 있다. (3)다급하게 반응이 요구되는 것으로 상례적 방법으로는 처리될 수 없는 것 등이다.

그리고 전략적 이슈를 식별하는 방법에는 4개의 접근방법이 있다. (1)직접적 접근방법, (2)간접적 접근방법, (3)목표 접근방법, (4)성공의 비전 접근방법이 있다.

6. 이슈를 관리하기 위한 전략과 계획안의 형성

전략은 이슈를 처리하기 위해 수립된다. 전략은 조직이 무엇인지, 조직이 하는 것, 조직이 왜하는지를 규정하는 목적, 정책, 프로그램, 행동, 결정, 자원배분의 패턴으로 정의된다. 전략은 수준과 기능과 시간의 틀에 따라 다양하다. 효과적인 전략형성과 집행과정은 언급, 선택, 행동, 결과가 수준과 기능과 시간에 걸쳐 합리적으로 응집되고 일치하는 패턴으로 연계되어야 한다. 전략적 이슈는 조직문화에 적합해야 한다. 전략이나 계획안의 초안은 원하는 패턴을 명확히 하기 위하여 이 단계에서 수립되어야 한다.

효과적인 전략은 여러 가지 기준을 충족해야 한다. 이는 기술적으로 작용가능 해야 하며, 정치적으로 핵심 이해관계자에 의해 수용되어야 하며, 조직의 철학과 핵심가치에 적합해야 한다. 더욱이 이는 윤리적이고, 도덕적이며, 법적이어야 하며, 조직의 공동의 선을 추구하는 것이어야 한다. 아울러 언급될 것으로 추정되는 전략적 이슈도 다루어져야 한다. 핵심적 의사결정자 사이의 사려 깊은 대화나 협상은 전략이 더 전개되기 전에 반드시 필요하다.

7. 전략과 계획안의 검토와 채택

전략이 수립되고 나면, 계획팀은 공식적인 승인이 필요하며, 이에 따라 집행을 진행한다. 공식적 계획안도 전략과 유사한 과정이다. 전략이나 계획안이 간단하면, 이것을 통합해서 수립할 수 있다. 그러나 지역사회나 여러 조직을 계획할 때에는 여러 단계가 필요하다. 조정위원회에서 전략이나 계획안을 승인하기도 하며, 집행집단이나 조직의 승인이 필요하기도 한다. 전략이나 계획안의 통과를 확보하기 위하여, 핵심적 이해관계자의 관심과 이해에 주의를 기울일 필요가 있다. 지원과 교환할 수 있는 유인책을 만드는 것도 유용하다.

8. 효과적인 조직비전의 설정

조직은 전략을 성공적으로 집행하고 완전한 잠재성을 성취하고 난 후에, 조직이 어떻게 보여야 하는 것에 대해 기술을 전개한다. 이러한 기술이 조직의 성공의 비전이다.

성공비전의 기술에는 조직의 임무, 기본 전략, 성과기준, 중요한 결정법칙, 윤리적 기준 등이 포함된다. 조직 안에서 회람되어지는 정도에 따라, 성공비전의 기술은 구성원에게 기대되어지는 것을 알 수 있게 한다. 그 결과 조직의 목적을 추구하는데 구성원들의 에너지를 동원하며, 직접적 통제의 필요성을 줄인다.

대부분의 조직에서 성공의 비전은 전략의 형성보다는 전략의 집행의 가이드로 더 작용한다. 그러나 대부분의 조직에서 성과의 증진을 추구하기 위해 성공의 비전을 개발할 필요는 적다. 이는 대부분의 조직이 소수의 이슈를 식별하고 해결했다면 효과성에 있어 실질적 증진을 나타내기 때문이다.

9. 효과적인 집행과정의 수립

단지 계획안을 만드는 것으로는 충분하지는 않다. 채택된 전략에 의해 지시된 변화는 조직과 이해관계자를 위해 만들어진 실제 가치와 생명을 불어 넣기 위해 시스템 전체를 통하여 통합되어야 한다.

집행에 대해 전략적으로 생각하고 효과적인 집행계획안을 수립하는 것은 전략을 실현하는 노정에 있어 중요한 과업이다. 전략과 계획안이 복잡하고 큰 조직에서 추진된다면, 성공적인 집행을 위해 행동계획이 필요하다.

행동계획안에는 다음의 것들이 포함되어야 하는데, (1)감독기관, 팀과 개인의 책임과 집행역할, (2)특별한 목적과 예상되는 결과와 이정표, (3)특별한 행동단계, (4)스케줄, (5)자원의 요구와 원천, (6)

소통과정, (7)점검, 감시, 중간 수정과정, (8)책임절차 등이다.

성공적인 집행을 위해 많은 후원자, 주도자, 참가자들이 충분한 시간과 관심과 자금과 지원서비스와 여러 자원들을 가지고 행동계획을 수립하는 것이 중요하다. 아울러 계획안에 대한 예산도 수립해야 한다. 불필요하거나 바람직하지 않는 경쟁은 가급적 피해야 한다. 집행을 할 때에는 신중해야 하며 기회도 잘 포착해야 한다. 성공적으로 집행되고 제도화된 전략은 새로운 제도, 즉 원칙과 규범과 법칙의 집합, 의사결정과정 안에서 결정된다.

10. 전략과 전략계획과정의 재평가

집행과정이 진행되면, 전략계획의 새로운 라운드에 대한 서두로 전략과 계획과정을 검토하는 것이 중요하다. 이 단계의 많은 일들이 집행과정의 한 부분으로 일어날 수 있다. 성공적 전략들이 유지, 대체, 종결되어야 하는지 여부에 관심이 집중되어야 한다. 전략계획과정과 이의 장점과 약점, 수정 등도 검토되어야 한다.

11. 요약

본장은 전략계획과정, 즉 전략전환 사이클에 대해 약술하였다. 그 과정을 선형적으로, 연속적으로 제시하였지만, 전략을 수립하는 과정에 있어 여러 가지 요소들 사이의 연관성을 지속적으로 재고함으로서 반복해서 진행되어야 한다. 아울러 전략계획과정은 1단계에서 시작하지 않을 수도 있다. 그러나 어느 단계에서 시작하든지 반드시 1단계로 되돌아 가야한다.

제2장 전략계획과정의 합의와 시작

전략계획과정의 첫 단계는 의사결정자나 오피니언 리더가 전략계획의 전반적 노력과 주요한 계획단계에 대해 초기합의를 하는 것이다.

1. 계획의 초점과 바람직한 결과

첫 번째 단계는 여러 이슈에 대해 합의를 도출하는 것이다.

(1) 전략계획노력의 목적과 가치.

(2) 포함되거나 알려야 하는 조직, 단위, 집단, 사람들.

(3) 후속의 특별한 단계.

(4) 보고서의 형식과 시기 등.

조정위원회나 계획팀이 구성되어야 한다. 일반적으로 전략계획의 노력은 의사결정자에 의해 통제되거나 감독받거나 영향을 받는 조직(지역사회)의 특정 분야에 맞추어져야 한다. 합의는 과정을 시작할 때 무엇이 주어져야 하는 지를 분명히 밝혀야 한다.

2. 과정의 편익

합의에 이르는 과정은 대략 다음과 같다.

(1) 전략계획개념의 도입

(2) 실제적으로 그것이 의미할 수 있는 것의 이해의 수립
(3) 중요한 암시의 어떤 것을 통한 생각
(4) 전략계획에 대한 관여의 수립
(5) 실제적 합의에 도달.

초기에 좋은 합의를 하면 다음과 같은 편익이 생긴다.

(1) 전략계획노력의 가치와 목적이 영향을 받는 부서에 의해 폭넓게 인정을 받는다. 이것은 후원과 정당성을 제공한다. 정당성은 계획과정에 있어 논의의 시기와 내용을 정당화한다.

(2) 초기의 합의는 전략계획에 포함되는 네트워크와 과정에 대해 명확한 정의를 제공한다.

(3) 초기의 합의는 전략계획노력에 있어 일반적 순서에 대한 개요를 포함한다. 과정에 중요한 결정시점이 결합되도록 개요는 보장해야 한다.

(4) 합의에는 주어진 것이 무엇인지에 대해 정확하게 특정해야 한다. 예컨대, 조직에 현존하는 법적 위임, 의무, 임무, 자원배분, 업무, 문화 등은 합의를 얻기 위해 주어진 것으로 간주되어야 한다.

(5) 좋은 합의는 과업팀이나 조정위원회가 단위나 집단이나 사람 사이의 완충, 자문, 협상, 문제해결을 위한 메카이즘을 제공한다.

(6) 좋은 합의는 필요한 자원을 보장한다.

(7) 좋은 합의는 핵심 의사결정자 또는 오피니언 리더의 정치적 후원을 상징한다.

3. 초기 합의

1) 누가 포함되어야 하는가?

과정을 주도하는 사람은 무엇에 집중해야 하고, 누가 포함되어야 하는지를 먼저 결정해야 한다. 만약에 전략계획과정이 조직 전체에 영향을 준다면, 조직의 핵심적 의사결정자(외부 관계자의 대표)는 당연히 포함되어야 한다. 전략계획이 조직의 하위단위, 기능 등에 집중한다면, 의사결정자(관계자)도 포함되어야 한다. 조직의 내부자가 포함되어야 하는데, 이에는 최고 정책 및 의사결정자, 중간관리자, 핵심기술자 또는 일선직원 등이다.

첫째, 최고 정책 및 의사결정자는 당연히 포함되어야 한다. (1) 이들은 조직과 업무를 연결시키는데 공식적으로 책임이 있다. (2) 이들은 조직과 사람들을 연계시킨다. (3)이들은 조직과 환경간의 불일치를 먼저 인식하며, 외부의 위협과 기회에 적극적으로 대처한다. (4)이들은 전략계획노력을 수행하는데 필요한 자원을 통제한다.

둘째, 중간관리자는 정책과 결정이 작용으로 전환하는데 중요한 역할을 한다. 더욱이 이들은 관리적 책임이 있기에, 불필요한 저항을 줄이고 원만하게 집행되기 위하여 포함되어야 한다. 셋째, 핵심기술자 또는 일선직원이다. (1)이들은 전략전환에 기여하는 핵심기술을 일상적으로 사용하는데 책임이 있다. 그 결과, 이들은 조직의 기본기술이 작용하는 방법에 대해 가장 잘 알고 있다. 이들의 초기 관여는 필요한 변화를 이해하고, 좋은 변환이 집행되고, 변화에 대한 저항을 줄이는 것을 보장하는데 필수적이다. (2) 이들은 기술적 지식을 가장 잘 알기에, 이들의 협조는 전략계획의 성공에 아주 중요하다.

2) 초기 합의에는 무엇이 포함되어야 하는가?

초기 합의에는 바라는 결과, 즉 노력과 가치의 목적, 포함되어야 할 조직이나 단위나 집단이나 사람들, 과정에 있어 단계의 연속성과 특성에 대한 공유한 이해, 보고서의 형태와 시기 등이 포함되어야 한다.

다음으로 위원회가 전략계획노력을 감독하기 위해 설립되어야 한다. 위원회는 조직 안에서 좋은 명성과 신뢰를 가진 사람에 의해 주도되어야 한다. 위원회는 현존하는 이사회나 각종 위원회뿐만 아니라 특정한 목적을 위해 설립되는 과업팀이나 특별위원회 등이 있을 수 있다.

다음으로 참모의 업무를 수행하는 팀이 필요하다. 팀에는 계획가들이 포함되어야 하며 변화를 옹호해야 한다. 팀은 집행과정에 제기되는 어려움을 확인해야 하며, 건전한 비판도 수용해야 한다. 그리고 필요한 자원도 언급되어야 하는데, 필요한 재정적 자원뿐만 아니라 핵심적 의사결정자의 관심과 관여도 필요하다.

4. 과정의 가이드라인

다음의 가이드라인은 초기 합의를 수립하는데 도움이 된다.

(1) 특정인(과정의 주도자) 또는 집단이 과정을 시작하고 주도해야 한다.

(2) 주도자는 조직의 준비상태에 대한 빠른 평가가 요구된다.

(3) 과정의 주도자나 집단은 정당성을 부여하는 과정을 지원해야 한다.

(4) 상세하고 공동으로 협의된 초기합의가 필요한지 결정해야

한다.

(5) 필요하면, 과업팀 또는 조정위원회를 구성하라.

(6) 관계하는 조직, 단위, 집단, 사람들 사이의 자문, 협상, 문제해결, 완충을 위한 메카이즘으로 조정위원회를 활용하라.

(7) 조정위원회나 정책위원회가 효과적인 정책결정체라면, 그 과정은 보다 부드럽고 효과적이 된다.

(8) 필요하면, 전략계획팀을 구성하라.

(9) 핵심적 의사결정자는 초기합의를 협상하기 전에 전략계획의 특성, 목적, 과정에 대해 오리엔테이션이나 훈련이 필요하다.

(10) 계속 늘어나는 집단들 사이에 초기합의의 순서가 필요하다.

(11) 복잡한 상황에 있어 초기합의의 수립은 큰 의사결정점에 있어 정점이 된다.

5. 요약

초기의 합의는 필수적으로 핵심 의사결정자 또는 오피니언 리더 사이의 이해이다.

합의에 포함되어야 할 사항으로는 노력의 가치와 목적; 포함되어야 할 사람, 단위, 집단, 조직; 추진되어야 할 단계; 보고서의 형태와 시기; 전략계획위원들의 역할, 기능, 멤버십; 필요한 자원의 동원 등이다. 조직이 직면하는 아주 중요한 문제들을 제기하고 해결하는데 있어 모든 전략계획노력을 점검함으로서, 초기합의의 중요성이 부각된다. 성공적인 수행을 위해서는 설정, 주제, 구성과 하부구성, 주체, 전경, 시작, 클라이맥스, 결론, 최종해석 등을 상정해서 기술하는 합의가 필요하다. 효과적인 초기의 합의는 리더나 관리자나 계획가들이 핵심이슈를 제기하고 해결하는 데 도움을 준다.

핵심이슈의 논의는 정치적 연합체가 효과적으로 연합하도록 한다. 그렇지 않으면, 이슈와 해답은 조직에서 임의적이 되며, 효과적인 행동을 위해 필요로 하는 자원과 결정이 연결되지 않는다. 효과성은 차치하고라도 조직생존 그 자체가 임의적이 되며, 핵심의사결정자는 조직의 목적을 추구하는데 집중해야 하는 자기의 책임을 포기하는 것이 된다.

제3장 조직의 의무와 임무의 명료화

1. 의무

전략계획과정의 제2단계는 의무를 파악하는 것이다. 조직의 공식적 의무는 법률, 시행령, 문서, 헌장 등에 성문화되어 있으며, 비공적적 의무는 다양하며 문화적 규범이나 관계자의 기대 속에 구체화된다.

1) 목적과 결과

제2단계의 목적은 의무의 의미와 성격을 밝히는데 있다.

3개의 결과가 모색되어야 한다. 즉, (1)조직의 공식과 비공식 의무의 식별, (2)이러한 의무의 결과로 요구되어지는 것의 해석, (3)이러한 의무에 의해 제외되지 않는 것의 명료화 등이다.

2) 편익과 가이드라인

제2단계의 편익은 2개이다.

첫째는 무엇이 의무인지를 밝히는 것은 의무가 실제로 마주칠 개연성을 증가시킨다. 목표가 특정될수록, 성취될 가능성은 증가한다. 둘째는 의무에 제한되지 않는 임무를 개발할 가능성이 높아진다. 이는 사람들로 하여금 조직행동의 잠재적 목적을 검토하는데 도움을 준다.

이 단계 과정의 가이드라인은 다음과 같다. (1)조직의 공식 및 비공식 의무를 정리하라. (2)무엇이 요구되고 허용되는지를 분명히 하기 위하여 의무를 검토하라. (3)조직이 해야 하는 것을 구성원들에게 정기적으로 상기시켜라.

2. 임무

임무는 조직의 목적을 분명하게 하는데 반해, 비전은 조직이 보여주어야 하는 것과 임무를 완성하기 위해 행해야 하는 방법을 명확히 한다.

1) 목적과 결과

전략계획은 궁극적으로 목적, 의미, 가치, 효력에 관한 것이다. 의무를 분명하게 하는 목적은 조직의 목적과 철학과 가치를 특화하는 것이다. 다음으로 관계자 분석과 임무의 진술이 포함된다. 관계자 분석은 임무진술을 위한 유용한 정보와 소중한 준비를 제공한다.

관계자 분석과 임무의 진술에 대한 합의는 조직의 행동분야, 게임의 기본법칙, 조직의 목표, 성과지표 등을 명확하게 한다. 임무에 대한 합의는 그 자체 조직의 힘의 원천이 된다. 그리고 사회적으로 바람직하고 정당한 목적을 포용하는 임무에 대한 합의는 구성원 사이에 열의와 흥분을 만들어 낸다.

2) 편익

조직의 임무에 대한 합의와 명료화로 다음과 같은 편익을 제공한다.

(1) 가장 중요한 편익은 실제로 무엇이 중요한 것인지에 대한

논의에 집중하는 습관이 조성된다.

(2) 두 번째 편익은 조직(지역사회)의 목적을 분명하게 하는데 있다.

(3) 목적에 대한 합의는 갈등하는 부서가 수단으로부터 목표를 분리하는데 도움을 주며, 따라서 추구되어야 할 목표와 해결책을 탐색하기 전에 언급되어야 할 문제에 대해 분명하게 한다.

(4) 목표에 대한 합의는 조직으로 하여금 일련의 갈등해결활동을 추구하게 한다.

(5) 목표에 대한 합의는 사회통제의 아주 강력한 수단을 제공한다.

(6) 또 하나의 편익은 철학, 가치, 문화에 명시적 관심을 제공한다.

(7) 끝으로, 조직이 분명한 성공의 비전을 개발하는데 도움이 된다.

3. 관계자 분석

관계자 분석은 임무의 진술, SWOT분석, 전략의 형성에 소중한 전제이다. 관계자 분석은 너무나 중요한데, 이는 공공이나 민간부문에서 성공의 핵심이 관계자의 만족이기 때문이다.

관계자 분석의 첫 단계는 조직의 관계자가 누구인지를 정확하게 파악하는데 있다. 두 번째는 조직의 성과를 평가하기 위해 관계자가 사용하는 기준을 특화하는 데 있다. 세 번째는 조직이 관계자 기준과 상반되게 성취하는 방법에 대해 판단하는 것이다. 끝으로, 정부조직의 관계자는 정당, 시민, 재정적 단체, 미래세대, 이익집단, 납세자, 서비스수혜자, 노동조합, 고용인, 미디어, 경쟁자, 공급자, 다른 정부, 통치단체 등을 들 수 있다.

4. 임무의 진술

임무의 진술은 조직의 목적의 선언이며, 일반적으로 간결하고 인상적이어야 한다.

임무의 진술에는 다음의 6개의 질문이 포함되어야 한다.

(1) 우리는 누구인가?

(2) 기본적 사회 또는 정치적 필요와 문제는 무엇인가?

(3) 이러한 필요와 문제에 대한 인정과 예상과 반응을 위해 우리는 무엇을 해야 하는가?

(4) 우리의 핵심 관계자에게 우리는 어떻게 반응해야 하는가?

(5) 우리의 철학과 가치와 문화는 무엇인가?

(6) 무엇이 우리로 하여금 구별되거나 또는 독특하게 만드는가?

5. 과정의 가이드라인

계획집단이 의무와 임무를 분명하게 하는데 유념해야 할 가이드라인은 아래와 같다.

(1) 특정인이 조직의 공식 및 비공식 의무를 만드는데 책임을 져야 한다.

(2) 집단은 작업표 등을 이용해서 관계자 분석을 완성해야 한다.

(3) 관계자 분석이 완성되면, 집단은 임무진술의 작업표를 작성해야 한다.

(4) 집단에 의해 작업표의 작성과 토의가 끝나면, 임무진술의 초안 수립을 위한 과업이 개인에게 전달되어야 한다.

(5) 임무진술의 수립이 지체되지 않도록 해야 한다.

(6) 계획팀은 임무진술의 초안을 재검토해야 한다.

(7) 임무진술에 합의를 하면, 계획과정에 따라 움직이도록 해야 한다.

(8) 일반적 합의에 이르면, 모든 조직원들에게 임무가 제시되어야 한다.

(9) 임무의 채택은 중요한 결정점이 되어야 한다.

6. 요약

본장은 조직이 부딪치는 의무를 식별하고, 바라는 임무를 논의하는데 있다. 의무는 외부로부터 주어지며, 조직이 추구하기를 요구받는 의무(musts)로 간주된다. 임무는 내부로부터 전개되며, 이는 조직의 목적을 식별한다. 임무는 조직이 하기를 원하는(wants) 것으로 간주될 수 있다.

제 4 장 환경의 탐색(SWOT의 식별)

환경의 변화에 효과적으로 대처하기 위해서는 조직이나 지역사회는 외부와 내부의 맥락을 잘 이해해야 하는데, 조직이나 지역사회가 직면하는 기회와 위협과 관련하여 강점과 약점에 대한 정보를 파악해야 한다. 강점과 약점은 조직의 내부 상태를 언급하는데 반해, 기회나 위협은 외부의 상황이나 미래지향적인 것이다. 이는 강점과 기회를 잘 활용하면서, 동시에 약점을 줄이거나 위협을 극복하라는 것이다.

1. 목적

여러 가지 이유로 조직은 변화를 잘 알지 못해서 효과적으로 대응하지 못하는 경우가 많으며, 조직이 적절히 대응하기 전에 위기가 갑자기 몰려오기도 한다. 그래서 전략계획의 주요한 목적 가운데 하나는 가까운 장래에 반응할 필요가 있는 여러 가지 외부의 위협과 기회에 대해 조직으로 하여금 예의주시하라는 것이다. 즉, 전략계획의 주요 목적 중에 하나는 조직으로 하여금 위기가 나타나기 전에 외부 세계에 대해 효율적으로 대응하도록 준비하도록 하는데 있다.

그런데 외부의 위협이나 기회에 효율적으로 대응하기 위해서는 내부의 장점과 약점을 잘 알아야 한다. 외부의 기회를 잘 활용하고 외부의 위협을 줄이거나 극복하기 위해서는 내부의 강점을 구축하고 내부의 약점을 줄이거나 극복해야만 효과적인 대응이 된다. 즉, 전략계획은 조직과 환경을 잘 이해하는 바탕위에 이 양자 간을 잘 이용하거나 활용할 수 있어야 한다.

2. 편익

효율적인 내부와 외부의 환경평가는 조직에 몇 가지 혜택을 제공한다. 이 가운데 가장 중요한 것은 조직의 생존과 번성에 중요한 정보를 제공하는데 있다. 즉 이 단계는 계획팀으로 하여금 조직을 환경과 관련하여 전체적으로 보도록 한다. 환경평가는 조직 내에 존재하는 긴장의 장(tension fields)의 성격을 분명하게 해야 하며, 긴장을 관리해야 한다.

SWOT의 분석은 2개의 기본적 차원 즉, 좋다(강점과 기회)와 나쁘다(약점과 위협) 그리고 현재(강점과 약점)와 미래(기회와 위협)를 병렬시키면서, 긴장의 특성을 분명히 한다. 이러한 분석은 위협과 약점에 대해 적절한 행동을 취할 수 있도록 하며, 조직으로 하여금 핵심적 이슈를 식별하도록 집중하게 한다.

3. 외부환경평가

외부의 환경평가에는 3개의 주요 기준 (1)힘과 경향, (2)자원, 통제자, (3)경쟁자 또는 협력자와 경쟁과 협력에 영향을 끼치는 주요한 힘 등을 파악해야 한다.

먼저 힘과 경향(forces and trends)은 보통 4개의 카테고리(정치, 경제, 사회, 기술(political, economic, social and technological categories: PEST)로 나누어지는데, 이 PEST는 이러한 힘과 경향으로 조직에

힘든 변화를 강요한다.

그리고 공공조직에 영향을 끼치는 주요한 이슈나 경향으로는

(1) 사회나 조직의 복잡성,

(2) 민간화와 공공과 민간과의 상호작용의 증가

(3) 계속되는 기술변화

(4) 공공자원의 한계와 성장의 제한

(5) 노동력, 소비자기반, 시민성의 다양성

(6) 개인주의, 개인 책임성과 시민주의

(7) 삶의 질과 환경주의

(8) 점진주의 등을 들 수 있다.

이 PEST에 덧붙어서, 조직은 관계자집단 특히, 실제적 또는 잠재적인 고객, 구매자, 지불자, 경쟁자 또는 동반자, 경쟁 또는 협력을 유도하는 힘 등을 점검해야 한다.

Bryson은 선출된 위원은 고용인보다도 외부의 위협과 기회를 더 잘 파악한다고 주장하는데, 이는 역할의 차이에 기인하기 때문이다. 공공위원회는 조직과 외부 환경을 연결시키는데 공적인 책임이 있다. 공공부문에서 고용인은 법, 규정, 정책에 따라 임무가 부여되는데 반해, 선출관리는 선거로 부터 임무를 일차적으로 받는다. 즉, 법적 임무와 정치적 임무에 있어 차이가 있다.

정치가는 정치적인 것에 관심을 더 기울인다. 여론조사를 통하여 외부환경을 더 많이 평가하기도 한다. 그리고 선출관리는 계획가나 공공관리 보다도 외부탐색을 쉽게 할 수 있다. 그러나 어느 집단이 외부 탐색을 더 체계적이거나 효과적으로 한다고 할 수는 없다. 그래서 양 집단 모두 외부평가를 공식적이고 정기적인 과정으로 해야 한다. 외부탐색을 잘 수행하기 위하여 조직의 구성원은

기회와 위협을 지적하는데 도움을 줄 수 있는 시나리오를 작성할 수 있다.

4. 내부환경평가

내부환경은 3개의 카테고리 즉, (1)자원(투입), (2)현재전략(과정), (3)성과(산출) 등으로 평가된다. 이러한 카테고리들은 조직의 내부평가의 기본이 되며 효과적인 MIS가 구축되어지는 기본카테고리도 된다. 실제로 효과적인 MIS의 체계를 가지고 있으면 조직의 강점과 약점을 평가하기 더 좋다.

실제로 많은 조직이 정량적인 자료는 상당히 가지고 있지만, 정성적인 자료는 별로 없다. 그리고 공공부문에서 성과를 측정하기 어려움은 주지의 사실이다. 성과기준이나 정보가 없으면 자원배분의 상대적 효과성을 판단하는 방법이 없으며, 불필요한 갈등이 일어날 수도 있다. 이처럼 조직에서 성과를 측정하기 어려우며, 더욱이 관계자들은 조직이 자신의 존재를 정당화하는 효과적인 성과를 나타내는 것을 지속적으로 요구하기도 한다.

5. SWOT의 분석 : 하나의 사례

중심도시의 SWOT분석

1) 강점(Strengths)

①시장의 정치적 리더십
②관리의 전문성, 안정성, 행동의 자유
③행동과 혁신지향성

④노동에의 헌신과 사기
⑤인사제도의 강점
⑥조직; 부서의 독립성과 유연성
⑦시민의 지원
⑧적극적인 시민참여
⑨좋은 노동관계

2) 약점(Weakness)

①조직; 너무 수직적으로 조직화되어 있음
②시의회; 효과적인 정책결정체가 아님
③시전반의 관리비전이 약함
④전략계획이 없음
⑤시장; 효율적 관리자가 아님
⑥시대에 뒤떨어진 인사제도
⑦과도한 시민참여
⑧입법적 제약들
⑨노동관계; 너무 강한 노동조합으로 관리하기 어려움
⑩재정; 수입이 감소함

3) 기회(Opportunities)

①접근성과 교통
②경제개발
③재정부족과 기타 압력의 결과로 조직과 서비스의 재설계
④기관과 관계자와의 관계

4) 위협(Threats)

①수입의 감소

②국가와 지역경제의 취약

③다른 정부, 지역, 민간부문과 경쟁

④경제적 기반취약

⑤재정의 요구들

⑥비협조적인 관계자

6. 과정의 가이드라인

다음의 과정은 조직이 내부와 외부의 환경을 평가하는데 도움을 준다.

(1) 단순한 것이 더 좋다는 것을 유념하라. 평가과정은 간단해야 한다. 그렇지 않으면, 전략계획은 기술적 분석가의 영역이 되고, 의사결정에 아무런 영향을 주지 못한다.

(2) 전략계획팀은 조직내부에서 진행되는 것을 고려하기 전에 조직외부에서 진행되는 것을 먼저 고려해야 한다. 조직외부에 관심을 가지는 것이 중요하다. 외부의 것을 1차로, 그 다음에 내부를 살펴라.

(3) 전략계획팀은 항상 패턴, 중요한 행동, 전략적 이슈의 식별을 위한 암시를 관찰해야 한다.

(4) 전략계획팀에 의해 제시된 SWOT 리스트의 분석은 항상 좋은 아이디어이어야 한다.

(5) 조직은 정기적 SWOT의 분석을 제도화해야 한다. 이를 위한 하나의 방법으로 전략계획팀이 정기적으로 모임을 가지는 것이다.

(6) 조직은 SWOT의 분석을 도우는 여러 가지 시나리오를 구축해야 한다.

7. 요약

SWOT를 파악하기 위하여 조직은 외부와 내부의 환경을 평가한다. 효과적인 전략은 약점을 최소화하고 위협을 극복하면서 강점을 살리고 기회를 활용하는데 있기에 SWOT분석은 필수적이다.

지금까지 가장 중요한 전략계획 기술은 집단토론이다. 정기적으로 SWOT분석을 하기 위해서는 제도화해야 할 것이다. 이를 위해서는 외부탐색체계, MIS체계, 정기적 전략계획운영을 마련해야 한다.

단순한 것이 더 좋다. 그리고 계획팀과 조직은 내부와 외부의 평가에 너무 몰입해서도 안 된다. 필요한 행동은 바로 시행하도록 해야 한다.

제5장 전략적 이슈의 식별

전략적 이슈를 식별하는 것이 전략계획과정의 핵심이다. 전략적 이슈란 기본적 정책문제 또는 도전으로, 이는 조직의 권한, 임무, 가치, 고객 또는 이용자, 비용, 재정, 조직이나 관리 등에 영향을 끼친다.

전략적 이슈는 정치적 의사결정에 핵심적인 역할을 한다. 정치적 의사결정은 이슈로 시작하지만, 이슈가 형성되고 해결되어지는 방법에 의해 영향을 받기에 전략계획은 그 과정을 개선할 수 있다. 이슈가 조심스럽게 만들어짐에 따라, 즉 조직의 기본철학이나 가치, 도덕적으로나 윤리적으로나, 법적으로 정당하면은 이후의 선택이나 결정이나 행동은 정치적으로 수인가능하며 기술적으로 작용가능하게 된다.

전략적 이슈를 식별하는 것은 참여자들에게 가장 중요한 집중 단계이다. 실제로 모든 전략적 이슈에는 갈등을 포함하는데; 무엇이 행해지는지, 왜 행해지는지, 어떻게 행해지는지, 언제, 어디에, 누가 또는 누가 혜택을 받고 불이익을 받는지 등의 갈등을 포함한다. 이러한 갈등은 사람들을 끌기도 하고, 멀어지게도 한다. 어떠한 경우에도 참가자들은 고조된 감정과 관심을 가지게 된다.

1. 바람직한 계획결과와 편익

전략적 이슈의 의제는 2개의 중간 결과의 산물이다. 첫째는 조직이 당면하는 전략적 이슈의 리스트이며, 둘째는 순위에 따라 리스트에 대한 이슈의 배열이다. 이슈의 리스트와 배열은 사람들로 하여금 각 이슈의 성격, 중요성, 암시 등을 고려할 수 있도록 도와준다.

전략적 이슈의 식별로 부터 얻을 수 있는 편익은 다음과 같다.

1) 진짜로 중요한 것이 무엇인지에 관심을 집중시킨다.

일반적으로 조직의 핵심 리더는 상례적 업무에 80%, 중요한 업무에 약 20%를 배정한다. 따라서 리더로 하여금 주요한 이슈에 관심을 집중하게 한다.

전략적 이슈에는 3가지 종류가 있는데 (1)현재는 아무런 행동도 요구하지 않지만, 계속해서 점검되어야 하는 이슈, (2)조직의 정규적 전략계획순환의 한 부분으로 다루어 질 수 있는 이슈, (3)상례적 방법으로는 처리할 수 없는 다급한 반응이 요구되는 이슈 등이 있다.

2) 관심이 해결책이 아니라 이슈에 모아진다.

3) 이슈의 식별은 조직의 변화를 증진시키는데 필요한 유용한 긴장(useful tension)을 창출한다. 대체로 조직은 어떤 압력이나 긴장이나 변화의 필요성을 느끼지 않으면 거의 변하지 않는다. 그리고 이러한 긴장은 변화를 촉진할 정도이지, 마비시킬 정도로 너무 크면 안 된다.

4) 이슈의 식별은 식별된 이슈가 어떻게 해결되어야 하는 방법에 대한 유용한 단서를 제공한다.

5) 전략계획의 결과가 보다 실제화 될 수록, 사람들은 보다 진지해 진다.

2. 전략적 이슈의 사례

전략이슈의 예: 쓰레기관리문제(지방자치단체)

1) 환경요소 : 쓰레기의 많은 양, 처리비용의 증가, 매립지의 고갈, 새로운 매립지에 대한 주민의 반대, 새로운 기술의 도입 등

2) 의무 : 매립지감소에 대한 계획, 새로운 매립지 계획

3) 정책목표 : 잘 해결되지 않음

3. 전략적 이슈는 어떻게 기술되어져야 하는가?

전략적 이슈의 기술은 (1)조직이 어떤 것을 할 수 있으며 더욱이 하나 이상의 해결책을 가지는 도전으로 이슈를 설명하며, (2)이슈를 전략으로 만드는 요소들의 결과를 논의하며, (3)이슈를 언급하지 않는 것의 결과를 밝혀야 한다. (4)이슈의 기술은 의사결정자나 리더의 관심을 끌기 위하여 1-2 페이지 이상이 되어서는 안 된다.

이슈는 조직이 추구하는 도전으로 표현되어야 한다. 첫째, 조직이 상황에 대처할 수 있는 것이 없다면, 전략적 이슈는 있을 수 없다. 둘째, 효과적인 전략계획은 행동지향성을 가진다. 전략계획이 유용한 긴장이나 행동을 만들어내지 못하면, 시간낭비가 된다. 셋째, 조직이 통제하는 것에 주의하도록 해야 한다. 끝으로, 이슈에 가장 소중한 자원을 집중해야 한다.

만약 위기가 발생할 때까지 조직이 기다린다면, 전략적으로 현명하게 처리하기 어렵다. 이처럼 전략적 이슈들은 현재의 문제나 위기가 아니다. 즉, 전략적 이슈들이 만족스럽게 해결되지 못한다면, 이슈들은 아주 복잡해지고 잠재적으로 파괴적이 된다.

전략적 이슈는 3가지 상황에서 발생한다. 첫째 조직의 통제의 범위를 벗어나는 사건들이 기본목표를 성취하기 어렵게 할 때 발생할 수 있다. 이러한 상황을 위기라 부른다. 둘째, 기본목표를 성취하기 위한 기술, 비용, 재정, 관리, 정치적 선택 등이 변할 때 발생할 수 있다. 이러한 상황은 위기 또는 기회를 제공할 수 있다. 셋째, 의무, 임무, 내부요소, 외부요소 에서의 변화가 현재 또는 미래의 기회를 (1)생산물의 양과 질 또는 서비스에 있어 상당한 개선을, (2)제공하는 생산물 또는 서비스의 비용을 상당히 절감할 때, (3)새로운 생산물이나 서비스를 제공할 때, (4)어떤 생산물 또는 서비스를 결합하거나 줄이거나 없애는 것 등을 제시할 때 발생할 수 있다.

4. 전략적 이슈 식별의 4가지 접근방법

전략적 이슈의 식별에는 4개의 접근방법이 있으며, 조직이나 지역사회의 특성에 따라 더 적합한 접근방법이 있을 수 있다.

1) 직접적 접근방법(direct approach)은 정부조직이나 공공조직에 더 유용하다. 이는 계획가가 전략적 이슈를 의무, 임무, SWOT의 검토에서 직접 얻는 방법이다.

이 직접적 접근은 (1)목표에 합의가 없을 때, 또는 그 합의가 너무 추상적이어서 유용하지 않을 때, (2)성공의 비전이 존재하지 않아서, 합의에 바탕을 둔 비전의 수립이 어려울 때, (3)다른 관계자에게 목표를 부과할 수 있는 계층화된 권위가 없을 때, 4)환경이 너무 혼란스러워서, 목표나 비전의 수립이 어렵고, 다급하고 중요한 이슈에만 부분적으로 반응하는 것이 더 적절할 때 가장 적합하다. 즉, 직접적 접근방법은 공공조직이 다원적이고, 정치적이고 분절된 상황에 더 작용할 수 있다.

2) 목표접근방법(goals approach)은 전통적 계획이론과 유사하다. 즉, 조직이 먼저 목표나 목적을 세우고 나서, 이러한 목표나 목적을 달성하기 위하여 이슈를 식별하거나 전략을 수립하는 방식이다. 조직의 목표나 목적에 대하여 넓고 깊은 합의가 가능해야 하며, 목표나 목적은 전략의 수립에 유용한 가이드를 제공해 주기 위해서는 특정되고 상세해야 한다. 이 접근방법은 보다 계층화된 권위적인 조직에 더 합당하며, 아울러 동질적인 지역사회에 더 적합하다.

3) 성공비전의 접근방법(vision of success approach)에서는, 조직이 임무를 완성하고 성공을 성취함으로서 미래에 그 자체 최선의 전경을 수립할 것을 요구받는다. 이 접근방법은 조직이나 전략에 총체적 접근방법을 해야 할 때 유용하다. 그리고 선거 때나 새로운 집행부가 비전을 제시할 때 선호하며, 극적인 변화가 요구될 때 적합하다. 즉 이 접근방법은 법적 조직보다는 공익조직에 유용하며, 새로운 리더가 미래의 비전으로 선출되거나 임명되었을 때 유용하다. 그리고 이 접근방법은 비교적 동질적이거나 가치의 합의를 공유하는 지역사회에 적합하다.

4) 넷째, 간접적 접근방법(indirect approach)이다. 이는 말 그대로 전략적 이슈를 식별하는데 직접적 접근방법 보다는 간접적 접근방법을 더 활용한다는 것이다. 간접적 접근방법은 전략적 재지시가 필요할 때 유용하다. 이 방법은 참가자들의 기존의 아이디어로 시작해서, 행동의 의미를 정교화하고, 변화의 필요성을 확신하는 새로운 현실을 사회적으로 구축되도록 하는 방법으로 아이디어들을 결합한다. 다시 말하면, 참가자 자신의 아이디어가 새로운 방법으로 결합된다면, 사물을 다르게 보게 되고 그에 따라 행동하도

록 돕는다. 이처럼 혁신은 변형보다는 재결합의 결과이다.

5. 과정의 가이드라인

다음의 과정은 계획팀이 조직이 직면한 전략적 이슈를 식별하는데 도움을 줄 것이다.

(1) 조직(지역사회)이 직시해야하는 주요한 지표들을 포함해서, 의무, 임무, 강점, 약점, 기회, 위협 등을 점검하라.

(2) 상황에 적합한 전략적 이슈의 식별의 4개의 접근방법, 즉 직접적 접근방법, 목표접근방법, 성공비전의 접근방법, 간접적 접근방법 중에 하나를 선정하라

(3) 전략적 이슈가 식별되고 나면, 전략개발의 준비로 우선순위, 논리적, 임시적 순서로 연속되어야 한다.

(4) 전략적 이슈를 짜는 것은 실제 예술(art)이 될 수 있다.

(5) 적어도 3가지 종류의 전략적 이슈가 있음을 기억하라. 그리고 각각은 서로 다르게 다루어져야 한다. 3개 전략적 이슈는 ①현재는 아무런 행동도 요구하지 않지만, 계속해서 점검되어야 하는 이슈, ②조직의 정규적인 전략계획순환의 한 부분으로 다루어 질 수 있는 이슈, ③상례적인 방법으로는 처리할 수 없는 다급한 반응이 요구되는 이슈 등이 있다.

(6) 해결책이 아닌 이슈에 초점을 맞추어라. 해결책은 다음 단계인 전략형성에서 제시되어야 한다. 이슈가 없는 해결책은 해답이 아니다.

(7) 전략적 이슈의 식별과 해결에 많은 시간을 할애하도록 핵심적 의사결정자가 동의하도록 해야 한다.

(8) 계획팀은 너무 부담감을 느끼지 말고, 가벼운 마음을 가져야

한다.

(9) 전략적 이슈의 합의는 조직의 중요한 전환점이 될 수 있다. 전략적 이슈의 식별은 계획과정의 핵심이 되며, 조직이 직면하는 기본적 변화를 식별하는 것은 실제적인 선택과 활기와 성공에 깊은 영향을 끼친다.

(10) 다음 단계인 전략개발로의 전환을 관리하는 것도 중요하다.

6. 요약

본 장의 목적은 조직의 의무, 임무, 생산과 서비스 수준, 고객, 사용자, 비용, 재정, 구조, 관리 등 조직이 직면하는 기본적 도전을 식별하는 것이다. 그리고 핵심적 의사결정자는 전략적 이슈의 의제, 즉 언급되어지고, 우선순위에 따라 배열되어지고, 논리적 순서나 일시적 순서의 전략적 이슈의 집합에 대해 동의해야 한다.

이슈를 식별하는 기본적 접근방법은 4가지가 있는데 즉, 직접적, 간접적, 목표 및 성공비전의 접근방법이다. 일반적으로 정부나 공공조직은 직접적 및 간접적 접근방법을 더 유용하게 사용한다.

과정에 있어 다음 단계에로의 전환은 조심스러운 관리가 요구된다. 무엇이 기본적인 것이지 논의하는 것하고, 이러한 논의에 기반을 둔 행동을 취하는 것하고는 근본적으로 다르다. 강한 리더십, 높은 사기, 심리적 안전의 합리적 감정, 낙관주의 등은 지속적으로 요구된다. 만약에 팀이나 조직이 계속 나아가지 못한다면, 조직의 효과성과 관계자의 만족은 고통을 받게 되며, 조직은 임무를 완성하지 못하게 된다.

제6장 전략의 형성과 계획안의 채택

전략이란 조직의 현 상태와, 조직이 하고 있는 것과, 왜 해야 하는 가를 정의하는 목적, 정책, 프로그램, 행동, 결정, 그리고 자원배분 등의 패턴으로 간주할 수 있다. 그러므로 전략은 조직(지역사회)과 환경과의 교량을 형성하는 조직(지역사회)의 임무의 확장이다. 전략은 전략적 이슈를 다루기 위하여 수립되어진다. 즉, 기본적 도전에 대한 조직의 반응이다. 효과적인 전략은 조직의 환경하고 효율적인 연계가 되어야 한다.

전략은 수준에 따라 시간의 틀에 따라 종류가 나누어지는데, 4개의 수준으로:

(1) 전체적으로 조직을 위한 큰 전략(grand strategies),

(2) 하위단위 전략(subunit strategies) - 하위단위는 부서, 과, 단위 등이다.

(3) 프로그램, 서비스, 업무과정전략,

(4) 기능전략(functional strategies) - 기능으로는 재정, 인사, 시설, 정보기술, 과정전략 등이다.

모든 전략은 단기와 장기로 대별될 수 있다.

전략은 전술(tactics)하고 다른데, 전술은 제한적인 목적을 달성하기 위하여 사용되어지는 단기적, 적응적 행동과 반작용이다. 전략은 광의의 목적을 향하여 이러한 적응을 위한 계속되는 기반을 제공한다.

1. 바람직한 결과와 편익

바람직한 계획결과는 다음 단계에서 나올 수 있다.

(1) 첫 단계는 여러 가지 전략진술이다. 전략 수준의 4개 종류에 따라 조직의 전략진술이 달라진다.

(2) 조직은 공식적인 전략계획안을 원할 수도 안 원할 수도 있다. 전략계획에서 진정으로 중요한 것은 전략적인 사고와 행동이지, 반드시 전략계획안의 준비가 아님을 기억하라.

(3) 계획가는 미리 공식적 합의를 추구할 수 있다. 공식적 합의가 반드시 필요한 것은 아니지만, 이는 전략적 행동의 합법성을 고양하며 이러한 행동의 의도와 내용을 광범위하게 소통시킨다.

(4) 행동이 식별되고 유용하고 필요할 때 선택해야 한다. 그렇지 않으면 중요한 기회가 상실될 수도 있으며, 위협이 적시에 고려되지 않을 수도 있다. 지난 실재에서 전략을 포함하는 새로운 현실로 전환을 용이하게 하는 것이 중요하다.

전략과 계획안의 채택에서 식별될 수 있는 10개의 혜택들

(1) 조직이 어떻게 의무에 대처하고, 임무를 수행하고, 직면하는 상황을 효과적으로 대처할 것인지 -거창한 개념에서 상세한 집행에 이르기 까지- 꽤 분명한 기술이 제안될 것이다. 이러한 기술은 조직이 어디로 가고 있는지, 어떻게 거기에 도달할 것인지, 왜 등에 대해 분명한 측정을 제공한다. 이는 성공적인 변화노력의 중요한 부분이다.

(2) 이러한 새로운 기술은 대안적 전략을 광범위하게 고려해서 만들어져야 한다. 이는 그자체가 조직의 창의성을 고양해야 하며, 조직의 일반적인 경향(문제에 대한 해결을 단순하게, 불완전하게,

좁게 모색하는)을 극복한다.

(3) 행동이 식별되고 유용한 것으로 수인된다면, 새로운 실재가 개념이 아니라 현실로 나타날 것이다.

(4) 주요 전략 가운데 일부분의 초기 집행은 조직의 학습을 용이하게 한다. 이는 전략이 효과적인지 여부를 빨리 발견하게 하며, 전략을 완전히 집행하기 전에 개정하거나 수정하게 한다.

(5) 새로운 실재에 대한 정서적 유대는 처음과 계속되는 집행노력을 통하여 점진적으로 나타날 수 있다.

(6) 사기의 고양은 이슈의 해결에 있어 과업의 성취와 초기 성공을 통해서 이다. 만약에 조직이 부딪치는 기본적인 문제를 처리하고 중요한 임무를 추진한다면, 핵심인의 관여와 관심을 기대할 수 있다.

(7) 개발은 기본적인 문제를 건설적으로 언급하는 분야에서 결정되어야 한다. 팀원들 간의 소통과 이해의 증진이 있어야 하며, 전략적 사고와 행동이 습관이 되어야 한다.

(8) 내부와 외부의 핵심 관계자의 관심이 전략계획과정의 부분으로 성공적으로 언급되어진다면, 전략을 동의하고 집행을 추진할 수 있을 정도로 충분히 크고 강한 유대가 나타날 것이다.

(9) 조직원은 전략집행에 동의할 필요가 있는 승인을 가지게 된다.

(10) 이상의 혜택들이 달성된다면, 조직은 효과적이고 인공적인 방법으로 그 과정을 달성할 수 있다.

Alfred North Whitehead는 조직은 변화 속에 질서를, 질서 속에 변화를 추구해야 하는데, 이는 조직과 환경사이에, 또 과거와 미래 사이에 새롭고 효과적인 다리를 놓는다고 주장하고 있다. 이에 따라 사람들은 다리를 쉽게 건널 수 있다는 것이다.

2. 전략계획안

전략계획안은 형태와 내용에 따라 상당한 차이가 있을 수 있다. 전략계획안 가운데 가장 간단한 형태는 핵심적 의사결정자 사이의 문서화되지 않은 합의이며, 이러한 것이 가장 일반적인 형태이다. 그러나 다양한 주체 사이의 조정된 행동은 일반적으로 어떤 종류의 공식계획안을 요구하는데, 이는 사람들이 자기들이 해야만 하고 왜 하는 가를 유지하기 위해서이다. 그리고 계획안은 전략적 성과를 판단하는 기준을 제공한다. 아울러 정치적 목적에도 기여한다. 이는 핵심적 주체, 각 집단, 연합 사이의 협정이다. 또 계획안은 내부와 외부의 관객들에게 소통과 선전의 서류로 작용할 수 있다.

계획안에 포함되어야 할 핵심 사항으로는
(1) 의무의 진술
(2) 임무의 진술
(3) 성공의 비전
(4) SWOT 분석
(5) 전략적 이슈
(6) 전략 등이다.

그러나 대부분의 조직은 전략계획안의 준비를 위한 배경자료로 아래의 사항들을 포함할 수 있다.
(1) 개요(목적, 과정, 참여 포함)
(2) 의무진술
(3) 임무진술

(4) 성공의 비전
(5) 외부와 내부의 환경분석 : SWOT분석을 포함
(6) 큰 전략진술
(7) 이슈-특화된 전략진술
(8) 하위단위 전략진술
(9) 프로그램, 서비스, 생산, 사업과정계획안
(10) 기능전략진술
(11) 집행계획; 행동계획안 포함
(12) 인력계획; 전임인력, 파트타임인력, 자원봉사자 포함
(13) 기능계획; 운영예산, 자본예산, 기금계획 포함
(14) 점검과 평가계획
(15) 계획의 수정을 위한 계획 등이다.

전략계획안의 최초의 초안을 준비하는 과업은 일반적으로 핵심참모에게 부과되어야 한다. 초안이 준비되면 전략계획팀, 집행위원회, 외부의 관계자 등을 포함한 핵심적 의사결정자는 이것을 검토해야 한다. 다수의 관계자는 여러 가지 수정을 할 수 있으며, 이러한 수정이 계획안을 향상시킨다면, 이를 수인해야 한다. 핵심적 의사결정자에 의해 최종점검이 있고나면, 개정안이 공식적으로 채택된다. 채택된 이후, 계획팀은 집행단계로 옮겨가게 된다.

3. 과정의 가이드라인

다음의 가이드라인은 전략계획팀이 조직과 환경하고 연계시키는 효과적인 전략을 만들기 위해 유념해야 할 사항들이다.

(1) 전략적 사고와 행동이 전략계획안 보다 더 중요함을 기억하라.

(2) 계획팀은 전략형성과 집행을 위한 개념을 점검하는 것을 바랄 수 있다. 고려하는 전략의 범위가 넓을수록, 보다 효과적인 전략이 될 수 있다.

(3) 논리적 점진주의가 효과적일 수 있다. 점진적 의사결정이 전략적 의미와 결합된다면, 효과적이 될 수 있다.

(4) 효과적 전략형성은 하향식이든 상향식이든 둘 다 가능하다.

(5) 계획가는 ①직접 또는 간접적으로 식별된 전략적 이슈에 상응하면서, ②목표를 성취하기 위하여, ③성공의 비전을 실현하기 위하여 전략을 형성할 것인지를 결정해야 한다.

(6) 전략은 효율성에 대한 합리적 판단을 허용할 수 있도록 상세하게, 그리고 집행에 합리적 가이드를 제공할 수 있을 정도로 상세하게 기술되어야 한다.

(7) 대안적 전략이 평가되어야 한다.

(8) 조직은 공식적 전략계획안의 수립을 고려해야 한다.

(9) 공식적 전략계획안이 준비되지 않더라도, 조직은 큰 전략, 하위전략, 프로그램, 서비스나 생산전략, 기능전략 등 상호 관련된 전략체계를 준비해야 한다.

(10) 규범적 과정은 전략의 진술과 공식적 전략계획안의 점검을 위해 사용되어야 한다.

점검은 다음 사항을 고려해야 한다.

①계획안의 개관

②계획안의 일반적 논의와 이에 대한 반응

③계획안의 강점에 대한 브레인스토밍의 리스트

④계획안의 약점에 대한 브레인스토밍의 리스트

⑤강점을 증진하고 약점을 줄이거나 극복하는 수정에 대한 브레인스토밍의 리스트

⑥계획안을 완성하기 위한 다음 단계에 대한 합의

(11) 핵심 관계자와 관계하여 전략을 논의하고 평가하는 것이 중요하다.

(12) 조직은 전략계획과 전략계획안의 예산이나 예산과정을 거쳐야 한다.

(13) 조직은 변화하므로 카타르시스의 기간을 허용하는 것이 필요하다.

(14) 전략개발단계의 완성은 중요한 결정의 시점이다.

(15) 핵심적 의사결정자와 계획가들은 공식적 채택과정이 어떻게 관리되는지를 조심스럽게 생각해야 한다.

(16) 만약에 전략계획과정이 잘 설계되고 성실하게 추진되었지만, 전략과 계획안이 채택되지 못했다면, 다음의 가능성을 생각하라.

①시기가 아직 적절하지 않다.

②전략과 계획안의 초안이 적절하지 않다.

③전략과 계획안이 아직 실재적이지 않거나 다급하지 않다.

④조직(지역사회)이 제안된 변화를 조정할 수 없다.

⑤전략과 계획안이 어떤 다른 무대로 옮겨야 하거나, 아니면 현재의 무대를 재설계해야 한다.

4. 요약

본 장에서는 전략의 형성과 채택을 논의하였다. 전략이란 조직의 현 상태와, 조직이 하고 있는 것과, 왜 해야 하는 가를 정의하는 목적, 정책, 프로그램, 행동, 결정, 그리고 자원배분 등의 패턴으로 정의된다. 전략은 수준과 기능과 시간의 틀에 따라 다양하다. 전략은 조직(지역사회)과 환경하고 연관하는 방법이다. 그리고 강조되는 것은 전략형성에 대한 특정한 접근방법이나 공식적 전략계획안의 준비가 아니라, 전략적 사고와 행동이다. 계획안의 채택을 가이드하기 위해 여러 제안들이 제시되었다.

제 7 장 조직비전의 설정

비전은 조직이 환경이나 핵심 관계자와 관련해서 잘 운용될 때, 조직이 직시해야 하는 방법을 기술한다. 그런데 대부분의 조직은 연합되어 있기에, 비전은 경쟁적 연합 가운데 교섭된 약정이어야 한다. 핵심적 의사결정자는 성공의 비전을 구축하기 위하여 용기를 가져야 하며, 상상하고 청취해야 한다. 그리고 비전을 확정하기 위하여 훈련되어져야 하며, 실현을 위해 열심히 일해야 한다.

1. 바람직한 결과와 편익

성공의 비전은 다음과 같은 이점이 있다.

첫째, 성공의 비전이 적절한 동기와 가이드를 제공하기 위해서는 조직의 (1)임무, (2)기본철학, 핵심가치 및 문화적 특성, (3)목표, (4)성과기준, (5)의사결정의 중요한 법칙, (6)윤리적 기준 등을 구체화해야 한다. 비전은 조직의 목적, 행태, 성과기준, 결정의 법칙, 표준 등을 강조해야 하며, 제공하는 가이드는 합리적이고 특정적이어야 한다. 조직은 비전을 추구하는 구성원을 후원한다는 전제가 비전의 진술에 포함되어야 한다. 더욱이, 비전에는 조직의 방향과 목표를 분명히 해야 하며, 미래지향적이어야 하며, 높은 이상과 도전적 야망을 반영해야 하며, 조직의 독자성과 뚜렷한 역량 및 조직의 역사, 문화, 가치 등이 제시되어야 한다.

둘째, 비전은 적절한 자문, 검토, 결정이후에는 조직의 구성원과 다른 핵심 관계자 사이에 널리 유포되어야 한다.

셋째, 조직의 크고 작은 결정과 행동을 홍보하기 위하여 활용되어야 한다.

분명하고, 간결하고, 영감적이고, 널리 공유하는 성공의 비전은 다음과 같은 편익을 제공한다.

(1) 기대되는 것과 그 이유에 대해 조직원들에게 특정적이고, 합리적이고, 호의적인 가이드가 주어진다. 그리고 비전은 전략의 수립보다는 전략의 집행을 보조하는데 우선적으로 작용한다.

(2) Kant가 주장하는 것처럼 개념이 인식을 선도한다. 성공의 비전은 사람들로 하여금 선호하는 행동과 바람직하지 않는 행동과의 구별을 용이하게 한다. 따라서 선호되는 것이 더 많이 만들어진다.

(3) 목표의 성취는 2개 즉, 목표가 어느 정도 특정되고 합리적인가, 또 목표의 추구에 사람들이 지원받는 정도에 따라 결정된다.

(4) 비전에 합의가 있고, 비전으로부터 분명한 가이드와 의사결정 법칙을 도출할 수 있다면, 조직은 추가의 권한을 얻게 된다.

(5) 성공의 비전은 미래를 확인하거나 요구하는 방법을 제공한다.

(6) 분명하고 합리적인 성공의 비전은 현재의 세계와 바라는 세계와의 유용한 긴장(useful tension)을 조성한다.

(7) 영감적인 비전은 소명과 동기화의 또 하나의 원천을 제공한다.

(8) 잘 표현된 성공의 비전은 사람들로 하여금 비전실현의 장애를 인식하는데 암시적으로 도움을 준다.

(9) 분명한 성공의 비전은 리더십을 위한 효과적인 대체를 제공한다.

(10) 성공의 비전을 구축하는 것이 정치적 상황에서 어려울 수

도 있지만, 그 과업은 노력할 만한 가치가 있다.

(11) 성공의 비전은 조직으로 하여금 그 환경에 동조하도록 도움을 줄 수 있으며, 불가피한 위기에 대처하는 능력을 배양한다.

(12) 성공의 비전이 공유되는 정도에 따라, 미덕의 분위기를 제공한다.

2. 과정의 가이드라인

다음의 가이드라인은 성공의 비전을 만드는데 도움을 준다.

(1) 대부분의 경우, 성공의 비전은 조직의 효과성을 증진시키는데 반드시 필요한 것이 아님을 기억하라.

(2) 대부분의 조직은 성공의 비전을 수립하기 전에 전략계획의 하나 또는 그 이상의 순환이 지날 때까지 기다려야 한다.

(3) 성공의 비전은 앞에 기술한 바람직한 결과와 편익을 포함해야 한다.

(4) 성공의 비전은 가능한 과거의 결정과 행동을 버려야 한다.

(5) 성공의 비전은 영감적이어야 한다. 영감적인 비전은 ①보다 나은 미래에 초점을 맞추어야 한다. ②희망과 꿈과 고상한 야망을 장려해야 한다. ③높은 이상과 공통의 가치에 호소하는 조직의 역사와 문화위에 구축되어야 한다. ④목적과 방향을 분명히 해야 한다. ⑤긍정적인 결과를 진술해야 한다. ⑥조직의 특이성과 독특한 능력을 강조해야 한다. ⑦통일된 집단의 강점을 강조한다. ⑧언어의 정경, 이미지, 은유를 사용한다. ⑨열성주의와 소통하고, 흥분을 자극하며, 위임과 헌신을 육성한다.

(6) 효과적인 성공의 비전은 조직의 효과적인 변화를 증진하기 위하여 적절한 긴장도를 부여한다.

(7) 성공의 비전을 수립하기 위해 시작하는 유용한 방법으로 전략계획팀에게 개인적으로 초안의 비전을 준비하게 하고, 이의 반응을 공유하고 논의하도록 해야 한다.

(8) 규범적 과정이 성공의 비전을 검토하기 위해 사용되어져야 한다.

(9) 핵심적 의사결정자 사이에 비전의 진술에 대한 합의는 아주 바람직한 것이지만, 절대적으로 필요한 것은 아니다.

(10) 성공의 비전이 조직의 결정과 행동을 유도하기 위해서는, 널리 배포되고 논의되어져야 한다.

3. 요약

성공의 비전은 조직이 성공적으로 전략을 집행하고 이의 완전한 잠재성을 성취한 후에 조직이 어떠해야 하는 가에 대한 기술로 정의된다. 비전의 진술에는 조직의 임무, 기본철학, 핵심가치, 기본전략, 성과기준, 중요한 의사결정법칙, 윤리적 표준 등이 포함되어야 한다. 이 진술에는 조직이 봉사하고 자신의 존재를 정당화하는 중요한 사회적 목적을 강조해야 한다. 아울러 진술은 간결하고 인상적이어야 한다.

조직의 결정과 행동에 강한 영향력을 가지는 성공의 비전은 널리 배포되고 논의되어져야 한다. 그리고 조직이 직면하는 여러 상황에 적절한 반응을 결정하는 수단으로 자주 언급되어야 한다. 만약에 비전의 진술이 조직의 의사결정과 행동의 기반으로 활용된다면, 정교화하는 노력은 가치가 있다.

제 8 장 전략과 계획안의 집행

집행의 목적은 전략계획을 전략관리로 전환해서 완성시키는데 있다. 효율적인 프로그램, 프로젝트, 행동계획, 예산, 집행과정을 수립하는 것이 조직이나 지역사회 또는 관계자에게 실제적인 가치를 제공하며 전략에 생명을 불어넣어 준다. 집행과정 그 자체는 새로운 정보가 이용가능하고 환경이 변하므로 적응적 학습을 허용해야 한다. 이러한 학습은 보다 효과적인 집행을 이끈다.

1. 바람직한 결과

집행단계에서 리더나 관리자나 계획가가 추구해야하는 가장 중요한 결과는 목표성취와 관계자의 만족을 통한 실재적 부가가치(value added)이다. 이는 일련의 수단적이고 종속적인 결과들을 성취함으로서 달성되어진다.

종속되는 첫 번째 결과는 관련체계를 통해 전략의 원활하고 급속한 도입이다. 전형적으로, 전략의 전체목록이 필요하다. 두 번째 종속되는 결과는 무엇이, 언제, 왜, 누구에 의해 행해져야 하는 것을 요구함으로서 분명한 이해를 돕는다. 세 번째 부수적인 결과는 불가피하게 제기되는 난점들을 식별하고 결함을 고치는 과정의 활용이다. 넷째, 성공적 집행은 전략적 목표가 실제로 성취되는지를 발견하기 위하여 부가적 평가를 포함할 것이다. 다섯 번째의 결과는 채택된 전략과 계획안의 중요한 특징이 집행동안에 유지되는지를 확인시킨다. 성공적 집행의 여섯 번째의 결과는 계속되는 변화에 견디는 조직(지역사회)의 상황을 재설계하는 것을 포함한다. 일곱 번째 바라는 결과는 전략이 유지되고, 계승되고, 종결되는 기간 동안 점검시점의 예상 또는 설정이다.

2. 편익들

효과적 집행을 통해 몇 가지 편익이 만들어진다.

첫째, 목표가 성공적으로 성취된다.

둘째, 두 번째 편익은 여러 측면에서 첫 번째의 것과 상반되는 것이다. 즉 실패의 전형적 원인의 기피이다. 이러한 원인으로 다음의 것들이 있다. (1)바람직한 변화와 양립할 수 없는 태도와 신념에 기반을 둔 저항. (2)적절하지 않는 수, 다른 활동에 과도한 관여, 적절하지 못한 훈련, 잘못된 인센티브, 불확실성 등과 같은 인적 문제들. (3)바람직한 행태를 유인하지 못하는 인센티브. (4)지원 서비스의 관리부재. (5)집행문제의 식별과 해결을 위한 법칙, 자원, 장치의 부재. (6)새로운 정치, 경제 또는 행정적 우선의 출현.

셋째, 세 번째 편익으로는 변화를 옹호하고 집행하는 리더와 조직을 위해 지원이 증가한다. 넷째, 바람직한 변화를 효과적으로 집행하는데 관여한 사람들은 높은 자긍심과 자신감을 경험하게 된다.

끝으로 전략과 계획안을 효과적으로 집행한 조직(지역사회)은 미래에 행동을 위한 능력을 높인다.

3. 프로그램과 프로젝트

프로그램과 프로젝트는 전략적 주도에 관심을 집중하고, 상세한 학습을 용이하게 하며, 추진력을 구축하며, 높은 책임을 제공할 수 있다.

그리고 프로그램과 프로젝트는 행동계획의 버전이며 다음의 요소를 포함해야 한다. (1)목적의 정의, (2)바라는 투입의 계산, (3)생산되는 산출의 정의, (4)목표 고객의 식별, (5)객관적으로 명확한 지표의 특정, (6)프로그램 성공의 핵심이 되는 가정의 지표 등이다.

4. 예산의 특별한 역할

예산은 정부 또는 공공조직이 작성하는 가장 중요하고 결과적 정책진술을 의미한다. 모든 전략이나 계획안이 예산적 의미를 가지는 것은 아니지만, 그러나 리더나 관리자는 예산수립과정에 주요한 전략이나 계획안을 고려해야 한다. 계획목적을 위해 예산을 사용하는데 어려움은 예산수립과정에서 발생하는 정치적 상황에 기인하는 경우가 많다. 정치의 불확실성, 투쟁, 혼전으로 예산작업이 전형적으로 단기적, 점진적, 반동적, 책임지향적이 되기 쉽다. 따라서 예산수립은 장기적, 종합적, 혁신적, 대책적, 광의의 목적, 목표, 우선순위의 성취를 지향해야 한다.

예산수립과 계획과의 간격이 있는 이유 중의 하나는 통제를 위한 계획과 행동을 위한 계획이 서로 다르기 때문이다. 성과통제는 예산과 목적으로 구성되는데 반해 행동계획은 전략과 프로그램으로 구성된다.

5. 과정의 가이드라인

전략과 계획안의 성공적 집행은 집행활동을 조정하고 관리하는 여러 가지 집행구조의 설계와 활용에 따라 달라진다. 이러한 구조는 집행중심의 논의, 의사결정, 문제해결, 갈등관리 등을 증진하는 공식적이고 비공식적인 메카이즘의 다양성으로 구성된다.

1) 일반적 가이드라인

다음의 가이드라인은 채택된 전략이나 계획안이 집행을 향해 움직일 때 유념해야 할 사항이다.

(1) 의식적이고 의도적으로 계획하고 전략적 방법으로 집행을 관리하라.

(2) 집행을 유도하는 집행전략서류와 행동계획을 마련하고 필요한 결정과 행동과 책임부서에 관심을 집중하라. 그리고 집행계획에는 ①특정하게 예상되는 결과, 목적, 이정표, ②집행부서, 팀, 개인의 역할과 책임, ③특정한 행동단계, ④스케줄, ⑤자원요구와 원천, ⑥소통과정, ⑦검토와 점검과정, ⑧책임과정과 절차 등이 요약되어야 한다.

(3) 용이하고 신속하게 도입될 수 있는 변화를 추구하라.

(4) 가능하면 프로그램-프로젝트관리의 접근방법을 활용하라.

(5) 성공적인 집행을 보장하기 위하여 충분한 인원, 시간, 자금, 행정과 지원서비스, 기타 자원 안에서 구축하라. 그리고 집행계획에는 ①핵심 인력, ②조정자, ③추가 스태프, ④전환비용, ⑤오리엔테이션과 훈련비용, ⑥기술지원, ⑦내부와 외부의 자문, ⑧관련조직과 사람에 의한 변화의 채택을 용이하게 하는 적절한 인센티브, ⑨집행과 요약적 평가를 용이하게 하는 공식적 평가, ⑩보이

지 않는 우연성 등이 포함되어야 한다.

(6) 새로운 전략적 시도와 진행 중인 운영을 효과적인 방법으로 연계시켜라.

(7) 불필요하고 바람직하지 않는 경쟁을 피하기 위하여 새로운 우선순위에 따라 서둘러 일하라.

(8) 변화를 집행하는데 의도가 있고 장기적으로 변화를 보호하려는 의지가 있는 집행자, 옹호자, 이해집단의 연합을 유지하거나 육성하는데 집중하라.

(9) 법률적, 집행적, 행정적 정책과 행동들이 집행을 방해하기보다는 용이하도록 하라.

(10) 잔여의 논쟁이 해결되고 저변의 규범이 시행되는 방법에 대해 주의 깊게 생각하라.

(11) 큰 변화, 비록 작은 변화라 할지라도, 조직문화에 변화를 일으키는 것을 기억하라.

(12) 학습을 강조하라.

(13) 어려움을 견디어야 한다.

2) 소통과 교육

(1) 소통에 투자하라.

(2) 참여의 부족과 빗나간 태도에 기인한 저항을 줄이기 위해 노력하라.

(3) 안내의 성공의 비전이 없다면 이것을 수립하는 것을 고려하라.

(4) 적절한 지표에 정기적으로 관심을 기울이도록 하라.

3) 인사문제

(1) 가능한, 재능있는 사람으로 리더십과 참모의 자리를 채워라.

(2) 계획팀과 새 집행팀이 상당히 중복되도록 구성하라.

(3) 집행되는 동안 최고 관리자와 접촉을 지속하라.

(4) 변화의 노력에 도움을 주지 않는 사람은 피하며, 제외해야 하거나 극복해야 하는 문제에 특별한 관심을 가져라.

4) 직접집행 또는 단계집행

집행에는 2개의 접근방법이 있는데, 직접집행은 변화와 관련된 모든 사이트에 동시에 통합하는 것이며, 단계집행은 변화를 연속적으로 사이트의 그룹에 통합하는 것이다.

(1) 상황이 기술적으로나 정치적으로 단순할 때에는 직접집행을 고려하라. 즉시의 행동은 위기일 때 체계의 생존을 위해 필요하다.

(2) 어려운 상황에서는 단계집행을 고려하라.

(3) 예비 프로젝트가 효과적이 되도록 설계하라.

(4) 시범 프로젝트가 효과적이 되도록 설계하라.

(5) 검증된 변화를 다른 집행자에게 조심스럽게 전달하라.

(6) 끝으로, 집행과정이 연기되면, 초기 단계에서 변화를 수행하는 사람에게 특별한 관심을 기울어라.

6. 요약

전략이나 계획안을 채택함으로서 바람직한 변화가 완성되는 것은 아니다. 효과적인 집행이 없으면, 중요한 이슈가 적절하게 언급되지 않는다. 그러므로 집행은 이슈의 궁극적 목적을 향해 전략전환 사이클의 연속으로 간주되어야 한다.

집행은 의식적으로, 신중하게, 전략적으로 계획되고, 관리되고, 예산되어져야 한다. 더욱이 주요한 변화가 일어난다면, 성공적 집행은 결정과 행태를 다스리는 새로운 체제의 창설을 요구한다. 새로운 체제의 요소에는 명시적 또는 암시적 원리, 규범, 법칙, 의사결정과정 등의 새로운 상황 또는 재설계된 상황을 포함한다. 그리고 새로운 체제에는 실제적이고 상징적인 인센티브를 포함하는 후원적인 예산, 변경된 행태와 태도의 패턴, 집행자와 옹호자와 이해집단으로 구성된 후원자 연합 등이 포함된다. 또 새로운 체제에는 폭넓게 공유하는 성공의 비전이 통합될 수 있다.

성공적 집행은 바라는 변화를 신속하고 원활하게 소개하며, 집행실패의 전형적 원인을 극복한다. 이에는 직접집행과 단계집행을 포함한다.

학습은 성공적 집행노력에 갈려있는 주요한 데마이다. 사전에 모든 것을 계획하는 것이 바람직하지도 않으며, 가능하지도 않다. 사람들에게 새로운 절차를 학습하고 실제 상황에 적응하는 기회가 제공되어야 한다. 더 효과적인 집행이 도출되면, 다음 단계의 계획도 더 잘 알 수 있다.

제9장 전략과 계획안의 평가와 수정

전략과 계획안이 집행된다고 해서 전략전환 사이클이 끝나는 것은 아니다. 지속적인 전략관리는 상황에서의 변화 즉, 시간의 변화, 상황의 변화, 연합의 변화 등을 고려해야 한다. 작동하는 전략은 경계와 적응가능성과 계획안 수정을 통하여 유지되고 보호되어야 한다. 이처럼 전략은 추가의 자원, 적절한 수정, 마무리를 통하여 보강되어야 한다.

전략은 다음의 4개의 이유로 작동을 멈춘다. (1)기본전략은 양호하지만, 이의 집행을 뒷받침할 자원이 충분하지 못할 수 있다. 따라서 이슈를 해결하지 못하는 경우가 있다. (2)문제가 바뀌어서 새로운 전략이 요구되는 경우이다. 그래서 한 때는 해결책이었던 것이 문제가 될 수 있다. (3)실제적 문제분야가 여러 가지 정책과 전략으로 혼잡해짐에 따라, 이것의 상호작용을 누구도 원하지 않고 바뀌기를 바라는 결과를 만들 수 있다. (4)정치적 환경이 바뀔 수 있다. 전략이 제도화됨에 따라, 사람들의 관심이 다른 곳으로 옮겨갈 수 있다.

1. 바람직한 결과와 편익

이 단계의 목적은 집행정책, 전략, 계획안, 프로그램, 프로젝트 등을 점검하고 미래의 행동과정을 결정하는데 있다. 바람직한 결과는 좋은 전략을 유지하는 것이며, 그리고 적절한 개혁이나 계획안의 수정 또는 바람직하지 못한 전략의 제거 등을 통하여 전략의 수정을 포함한다.

여러 가지 편익은 지속적인 행동을 통해 이루어진다. (1)첫째는 제도화된 역량은 실제적이고 상징적인 이슈에 반응을 유지한다는 확신이다. 조직이 실제적 이슈와 문제에 반응을 유지하는 것은 많은 노력이 필요하다. 정기적 연구, 보고, 회의, 공청회, 사실발견, 관찰, 관계자와 논의 등은 실재세계와 접촉을 유지하는데 필수적이다. (2)두 번째 편익은 집행을 계속하는 동안 발생하는 나머지 이슈의 해결이다. (3)세 번째 실제적 편익은 기존 전략의 개혁을 위해 에너지와 의지와 아이디어를 개발하는 것이다. (4)끝으로, 이 단계는 혼잡한 전략분야의 지속적 제거와 간결화와 형상화 속에서 결정해야 한다.

2. 과정의 가이드라인

다음의 가이드라인은 리더나 관리자가 집행된 전략을 점검하거나 이것에 대해 무엇을 할 것이지 숙고할 때 유념해야 하는 것이다.

1) 일반적 가이드라인

(1) 무엇이 중요한 것인지 집중을 유지하라.

(2) 성공과 실패의 표지 또는 지표에 집중하라.

(3) 전략형성을 유도하는 데 사용된 이슈의 틀을 점검하라.

(4) 기존의 점검 기회를 활용하거나 또는 새로운 기회를 만들어라.

(5) 검토집단을 만들어라.

(6) 바람직하지 않는 관성을 선호하는 제도적이고 조직화된 규정에 도전하라.

(7) 조직은 일반적으로 그들의 전략보다 지구력이 더 큼을 기억하라.

(8) 진부한 것에서 벗어나 새것을 추구하라.

2) 전략유지

(1) 기존 전략을 유지하기 위해서는, 현재의 조직(지역사회)의 체제 안에서 약간의 변화를 모색하라.

(2) 기존의 전략을 유지하거나 또는 약간 수정하기 위해서는, 집행자에 의존하고 소비자로부터 투입에 집중하고 호의적인 옹호자를 포함시켜라.

3) 전략의 변경 또는 계승

(1) 새로운 전략으로 이동하는 것을 용이하기 위하여, 기존의 체제를 상당히 바꾸어라.

(2) 기존 의미에 도전하고, 기존 의미로 부터 사람들을 벗어나게 하고, 새로운 의미를 만들고, 법규를 용이하게 하기 위해서는 근거를 만들어라.

(3) 전략의 계승은 최초의 전략의 채택보다도 더 어려울 수 있는데, 이는 이전의 전략이 이미 존재하며 그 자리에 이미 지지자의 연합이 형성되기 때문이다.

(4) 기존 정책의 집행자와 수혜자는 정책의 혁신보다는 전략집행의 항목에 더 많은 관심을 가짐을 기억하라.

(5) 주요한 전략을 변경하기 위해서는, 정책집행자와 수혜자와 핵심 의사결정자에게 의지하라.

(6) 전략의 계승을 성취하기 위해서는, 전략의 분리 또는 통합의 측면에 대한 조처를 고려하라.

(7) 오래된 체계를 해체하지 않으면서 새로운 체계의 구축을 고려하라.

4) 전략의 종결

(1) 전략변경의 극단적 경우로 전략의 종결을 고려하라.

(2) 프로그램을 제거하거나 극단적으로 줄일 필요가 있을 때 축소관리에 관여하라.

3. 요약

본 장은 왜 전략이 작동하지 않는지 그리고 점검의 단계를 통해 성공적 작동의 편익을 요약하였다. 주요한 편익으로는 새 전략은 중요한 이슈, 집행의 어려움의 해결, 전략개정에 필요한 에너지의 생성, 연관된 전략의 혼잡스러운 분야의 제거 등에 대한 반응을 유지한다는 확신이다. 이 단계에서 리더와 관리자는 이슈에 집중해야 하며, 이슈가 여전히 적절한지를 결정해야 한다. 리더와 관리자는 전략의 지속, 개정, 종결여부의 결정을 도우는 전략성공 또는 실패의 지표를 신뢰해야 한다. 만약 전략이 유효하지 못하거나 상황이 바뀌었다면, 새로운 전략적 이슈를 식별하고 특정의 전략을 수정하거나 제거할 필요가 있다. 이는 채택된 전략을 뒷받침하는 견해를 개정할 필요가 있기 때문이다. 검토집단과 검토의 기회는 제공되어야 하며 기존의 전략을 점검하거나 수정하기 위하여 제도적 타성은 극복되어야 한다. 전략계승의 하나의 방법으로 전략요소의 분리 또는 통합과 병행하는 체계의 구축을 포함한다. 전략의 종결은 전략계승의 극단적 변형이다. 리더와 관리자는 고통과 혼란을 최소화하기 위하여 삭감의 관리기법을 사용할 필요가 있다. 끝으로 리더와 관리자는 조직이나 지역사회가 직면하는 중요한 이슈에 전념하기 위하여 자신의 에너지를 새롭게 하여야 한다.

제10장 리더십의 역할

전략계획은 효과적인 리더십의 대체물은 아니다. 실제로 전략계획은 리더나 관리자가 자신의 조직이나 관계자들을 대신해서 전략적으로 사고하고 행동하도록 도와주는 개념이나 과정이나 도구의 집합이다. 그래서 최선의 경우 전략계획은 리더로 하여금 공동의 선(common good)을 위하여 바람직한 방법으로 실질적인 목적을 추구하는데 도움을 주는 것이다. 잘못되는 경우, 전략계획은 리더가 자기의 일을 수행하기 어렵게 하거나 조직이 임무를 완수하기 어렵게 한다. 전략계획이 도움을 줄 것인지 여부는 전적으로 리더가 이를 어떻게 활용하느냐에 달려있다.

리더십에 대하여 Barbara Crosby는 "공공의 리더십은 공동의 선을 추구하는 과정에 있어 집단행동을 시도하기 위하여 다른 사람들을 동원하거나 격려하는 것"으로 정의하였다.

전략계획이 효과적이 되기 위해서는 다음과 같이 상호 연결된 리더십의 과업이 중요하다.

1. 리더는 맥락을 이해해야 한다.

리더는 사회, 정치, 경제적 흐름을 이해할 필요가 있으며, 아울러 그러한 흐름에 사로잡히는 것도 피해야 한다. 따라서 리더는 연속성(안정)과 변화의 상호작용으로 흐름을 살펴보아야 한다. 리더는 맥락과 관련해서 조직을 잘 알아야 한다. 리더는 과정이 시작되기 전의 맥락들을 잘 이해해야 한다. 리더는 개인적 접촉이나 관찰, 폭넓은 독서, 지속적인 교육, 사고 등을 통하여 조직이나 외부세계와 교류를 지속하는 것이 중요하다. 특히 리더는 전략의 극적인 변화의 가능성에 대해서도 관심을 기울어야 한다. 조직의 전략은 대체로 상당한 기간 동안 안정을 유지하지만, 조직 내의 누적적 변화에 상응하여 갑자기 변하기도 한다. 리더는 변화의 가능성에 대하여 항상 관심을 가져야 한다.

2. 관련되는 사람들을 이해해야 한다.

리더는 전략계획이나 집행에 관여하는 사람뿐만 아니라 일반대중들도 잘 이해해야 하며, 이들이 지니고 있는 다양성도 인정해야 한다. 이러한 것이 리더십의 핵심이다. 자기 자신과 타인을 잘 이해하는 것이 특성과 통찰력의 강점을 발전시키는 데 중요하며, 조직에 도움이 되는 전략계획과 집행의 기회를 증가시킨다. 이러한 강점은 사람들로 하여금 중요한 것이 무엇인지, 요구하는 것에 대해 균형을 취하게 하며, 정신적 깊이를 심화하며, 유머감각을 유지하며, 위험을 감수하는 용기를 발견하며, 어려운 이슈와 새로운 전략을 발견하는 등의 역할을 한다. 공식적 평가뿐만 아니라 성찰과 사적인 대담을 통해서 자신과 타인을 잘 이해하여야 한다. 효율적인 전략적 사고와 행동은 직관이나 창의성이나 패턴의 인지 등에 상당히 의존한다. 잘 관찰하거나, 동료의 추천을 받거나, 과거의 성과를 평가하는 것도 좋은 전략가를 발견할 수 있는 방법이 된다.

3. 과정을 후원해야 한다.

최고지위의 리더가 과정의 전형적 후원자이다. 이들은 많은 권한과 권위와 지위를 가지고 있다. 이들은 전략계획의 일상적인 것에 구속되기 보다는 주요단계를 설정하거나 진행상황에 관심을 기울인다. 리더가 알고 있는 조직과 환경에 대한 정보는 매우 가치가 있다.

리더는 다음의 사항을 고려해야 한다. (1)전략계획 노력의 목적과 중요성을 분명하게 해야 한다. (2)성과를 위해 필요한 자원(시간, 돈, 에너지, 정당성)을 동원하라. (3)시작과 행동과 변화가 일어날 결정적 시점을 중시하라. (4)창의적 사고, 건설적 토의, 다양한 투입원, 통찰 등을 격려하고 보상하라. (5)외부자문의 필요성을 인식하라. (6)과정이 잘 지켜지도록 권한이나 권위를 유지하라.

4. 과정을 주도해야 한다.

전략계획과정을 매일 관리하는 일차적 책임을 지는 사람이 주도자이다. 이들은 과정을 유지하며 모든 것에 상세한 관심을 기울인다.

과정을 주도하는 자는 다음의 사항에 유의해야 한다. (1)전략계획을 사람들의 의제에 맞추어라. (2)특정한 해결책을 제시하기보다는 과정에 관심을 기울어라. (3)결정할 때 인력, 과업, 정보, 문서 등을 같이 고려하라. (4)과정이 성공하기 위해 필요한 시간, 공간, 물자, 참여 등을 조직화하라. (5)전략계획과 집행을 기술하는데 사용되는 언어에 관심을 기울어라. (6)과정이 잘 추진되도록 하라

5. 과정을 조정하라.

숙련된 조정자는 집단내의 신뢰수준과 개인 간의 기술과 구성원의 갈등관리능력을 구축하는데 도움을 준다. 신뢰의 구축과 파트너십의 형성이 중요하다. 조정자는 후원자와 주도자의 신뢰를 얻어야 하는데, 이들이 바로 전략계획의 핵심그룹을 형성하기 때문이다.

조정자는 다음의 가이드라인을 염두에 두어야 한다. (1)전략계획과정을 숙지하고, 처음과 주요시점에 작용하는 것을 설명하라. (2)과정을 조직이나 관계하는 집단에 맞추어라. (3)과정을 위해 유머나 열정을 전달하며, 집단이 곤란을 받지 않도록 하라. (4)집단이 행동하도록 하며, 특정한 행동에 책임을 지도록 하라. (5)가능하면 사람들을 격려하라.

6. 집단적 리더십을 키워야 한다.

전략계획은 많은 사람들이 기여를 해야 하기에, 집단적 성취이다.

집단적 리더십은 다음과 같은 접근을 통해 촉진된다. (1)팀을 신뢰하라. 팀은 정보를 증가시키며, 정치적 후원을 한다. 계획안이나 전략은 채택이나 집행될 때에 제휴의 필요성이 있으며, 구성원은 제휴를 하는데 상당한 역할을 할 수 있다. 팀의 리더는 팀의 목표나 과업의 성취와 구성원의 요구사항과 집단의 결속에 관심을 기울이어야 한다. (2)네트워크와 제휴를 구축하라. 제휴란 함께 함으로서 달성될 수 있는 것 주변에 조직된다. 리더는 상당한 지원을 끌어낼 수 있는 방법으로 이끌어가야 한다. 넓게 볼 때, 공공의 리더는 조직내외의 일체감을 형성해야 한다. 특히 리더는 다른 사람들이 행동할 수 있는 공간을 제공함으로서 일체감을 형성하도록 해야 한다. (3)권한, 책임, 책무를 공유하기 위한 독특한 메카이즘을 구축하라. 공유함으로서 참여와 정보와 정보의 흐름을 신장시킬 수 있다. 계획팀, 과업팀, 집행팀의 활용은 권한을 공유하기 위한 수단이다. 행동계획에는 책임의 공유를 지시해야 한다.

7. 대화와 토론을 활용해야 한다.

리더는 현 실재를 해석하고, 그룹의 집단적 의무를 조장하고, 바람직한 전략을 정교히 하고, 미래의 집단의식을 만드는데 적극적인 역할을 할 때 보다 비전적으로 된다. 더욱이 비전적인 리더는 자신과 타인의 내부세계의 중요한 측면을 이해해야 하며, 관련된 외부세계의 의미를 포착해야 한다.

진실을 말하고 방향을 제시하는 자로서 리더는 사람들로 하여금 현재와 미래에 대해 가이드를 제공해야 한다. 특히 변화를 유도하기 위하여 다음의 지침들을 고려해야 한다. (1)의도를 이해하고 포럼을 활용하라. (2)해석을 제공하기 위한 기회를 포착하고 어렵고 불확실한 상황에서 지시를 주어라. (3)실재적 필요와 조건들을 밝히고 명명하라. (4)추종자들이 구축하는데 도움을 주고 이슈와 전략을 재구축하라. (5)미래를 위한 중요한 비전을 제공하라. (6)전략적 이슈를 언급하기 위한 새롭고 개선된 아이디어를 지지하라. (7)행동과 예상된 결과를 구체화하라.

8. 결정하고 집행해야 한다.

리더는 의사결정과 집행에 끼치는 영향력에 따라 성공여부가 좌우된다. 정치적 리더십의 핵심은 집단 간의 권력관계가 의사결정과 집행결과를 형성하는 방법을 이해하는데 있다.

정치적 리더는 다음의 가이드라인을 고려해야 한다. (1)의도와 용도를 이해해야 한다. (2)관계자 사이의 갈등을 조정하고 해결해야 한다. (3)정치적 영향의 동력을 이해하고 자원을 적절하게 동원해야 한다. (4)지속적 제휴를 구축해야 한다. (5)관료적 구속을 피해야 한다.

9. 규범을 강화하고, 논쟁을 조정하며, 갈등을 조정해야 한다.

리더는 항상 윤리적이어야 한다. 윤리적 리더십을 발휘하는데 있어 다음의 사항들은 중요하다. (1)의도를 이해하고 공식 및 비공식 조정을 활용하라. (2)조직의 통합을 조장하고, 윤리나 법규나 규범에 대해 교육하라. (3)특별한 경우 법률, 법규나 규범을 적용하라. (4)변화하는 시대에 맞추어 법규나 규범을 적용하라. (5)법규나 규범 간에 모순을 해소하라.

10. 요약

전략계획을 위한 리더십의 과업은 아주 복잡하고 다면적이다. 효과적인 전략계획은 집단적인 현상이며, 특히 후원자, 주도자, 조정자, 팀, 과업팀 등이 여러 시점에서 여러 가지 방법으로 관여한다. 전략계획과정에 있어 리더들은 조직효과성이 고양되어지는 방법으로 요소들을 결합해야 한다.

제11장 전략계획으로 출발

1. 출발하자!

다음의 것들은 전략계획의 출발에 대한 충고들이다.

1) 과정에 의해 영향을 받거나 관여될 수 있는 사람들과 당신이 현재 어디 있는지를 고려해서 시작하자. 즉 현재 상황을 잘 알고 시작하자.

2) 전략계획을 시도하기 위해서는 강력한 이유가 필요하다.

3) 리더십은 대체되지 않는다. 효과적인 리더만이 성공적인 전략사고와 행동과정을 통하여 조직을 인도하고 동기화 할 수 있다. 리더는 과정을 주도해야 한다.

4) 조직이나 지역사회나 상황에 과정이나 계획가의 역할이 적합해야 한다. 계획가는 조정자로, 또 어떤 상황에서는 기술전문가로 봉사해야 한다.

5) 전략계획에 있어 가장 큰 혁신은 의사결정자와 사람들이 전체적으로 봐서 조직이나 지역사회에서 진정으로 중요한 것이 무엇인지에 대해 대화를 하는 것이다.

6) 전략계획을 시도하는데 가장 필요한 자원은 돈이 아니라 핵심적 의사결정자의 관심과 관여이다.

7) 전략계획의 가장 큰 수확은 의외의 방법이나 원천에서 올 수 있다. 즉, 의외의 조직의 발전, 팀형성, 사기의 고양이 있을 수 있다.

8) 외부의 자문이나 지원이 도움이 될 수 있다. 도움이 필요하면, 이를 얻기 위해 노력하라.

9) 계속하는 것이 힘들면, 과정의 잠재적 편익에 유념하라.

전략계획은 조직이나 지역사회에 여러 가지 방법으로 도움을 줄 수 있다. (1)전략적으로 사고하고, 효과적인 전략을 개발하라, (2)미래의 방향을 분명하게 하라, (3)우선순위를 설정하라, (4)미래의 결과를 고려해서 오늘의 결정을 행하라, (5)의사결정을 위하여 응집되고 방어적인 기반을 구축하라, (6)조직의 통제아래 분야 별로 최대한 재량을 부여하라, (7)수준과 기능에 따라 결정하라, (8)조직의 주요한 문제를 해결하라, (9)조직의 성과를 증진하라, (10)급속하게 변화하는 환경에 효과적으로 대처하라, (11)팀워크와 전문성을 구축하라

10) 끝으로, 전략계획이 모든 조직이나 지역사회에 적합하지 않음을 기억하라. 다음과 같은 상황 즉, (1)지붕이 붕괴했다면, (2)조직이나 지역사회가 좋은 계획을 만들 수 있는 필요한 기술, 자원, 의사결정자의 관여가 부족하다면, (3)비용이 편익을 초과한다면, (4)만약 조직이나 지역사회가 아주 재능있는 지도자의 비전이나, 직관이나 기술에 의존하는 것을 선호한다면, (5)점진적 조정 또는 되는대로 하는 것이 유일한 과정이라면, (6)계획안의 집행이 극히 불투명하다면, 전략계획을 시도해서는 안 된다.

제3편 전략계획의 응용연구

제 1 장 종합계획과 전략계획과의 비교분석*

I. 서 론

본 연구는 제도화 내지 법제화되어 있는 종합계획의 접근방법에 대해 원론적으로 재정리하는데 있다. 종합적 접근방법은 일반체제이론에 바탕을 둔 과정계획이론(procedural planning theory)에 바탕을 두고 있다. 이는 청사진적 계획이 아니라 의사결정과정과 체제이론이 결합한 접근이다.

50년대와 60년대를 거치면서 종합계획이 성행하여 미국을 위시하여 각국의 계획접근의 전형이 되었다. 영국에서도 체제이론과 밀접하게 결합된 과정계획이론이 60년대와 70년대에 유행했으며 지방정부의 주요 업적이 되었다.[1)] 우리나라의 계획체계의 기본 골격이나 계획수립도 종합계획적 접근에 바탕을 두고 있는 실정이다. 종합계획은 기본적으로 장기성과 종합성을 그 속성으로 삼고 있으며, 내용적으로는 제한된 물적 계획과 기능계획, 기술적 수단을 모색하며, 행태적으로는 가치중립적 입장을 고수하고 있다.

이러한 종합계획의 접근방법에 대해 학자들은 자기의 관점에 따라 다양하게 비판하고 있다. Meyerson은 종합계획은 규범적 계획으

---

* 본 장은 대구대학교, 1999. 「사회과학연구」, 제6집 제3호, 에 게재된 논문을 수정한 것임.

1) Hague, C. 1991. "A review of planning theory in Britain", 「Town Planning Review」, 62(3), pp. 296-298.

로서만 의미를 가진다고 주장했으며, Lindblom은 다원주의적 입장에서 점진적이고 단절적인 의사결정의 접근방법을 강조했다. 또 Etzioni는 합리적 모형과 점진주의의 접근을 절충하는 혼합적 탐색방법을 주장했다. Davidoff는 가치지향성을 띠고서 복수주의와 옹호주의의 관점에서 계획을 수립할 것을 제안했다. 그리고 Faludi는 여러 학자들의 견해를 종합해서 계획전략들을 제안했다.

본 연구에서는 종합계획에 대한 비판적 대안으로 전략계획에 대해 그 이의와 특성들을 고찰하고자 한다. 전략계획은 시대에 따라 계획환경과 접근이론이 바뀜에 따라 민간기업에서 선용되어온 방식을 도시와 지역의 경쟁력 강화를 위해 도입되었다. 전략계획의 주요한 특성으로는 참여의 확대, 환경의 탐색, 이슈의 선정, 전략의 수립, 행동과 집행지향성, 점검과 수정 등이다.

본 연구에서 종합계획과 그 비판이론 및 전략계획과를 서로 대비하면서 계획과정, 종합성의 범위, 의사결정의 접근방법, 공공이익의 추구, 의사결정자의 관심의 정도, 경향추계상의 방법, 행동지향성 등에 있어 차이점과 유사한 점을 분석하고자 한다. 이렇게 함으로써 기존의 종합계획이론을 종합적으로 고찰할 수 있으며, 계획환경과 실제가 바뀜에 따른 문제점에 대해 보완점들을 우회적으로 제시할 수 있다. 이러한 관점과 연구의 기본적 틀에 따라 문헌연구를 주로 하고자 한다.

II. 종합계획의 개요

1. 종합계획의 의의

종합계획은 지역사회의 물적 개발에 대한 정책 가이드로서 지방정부가 채택하는 공적이고 공식적인 문서이다. 이는 지방정부의 지도자로 하여금 앞으로 20-30년 동안에 지역사회를 어떻게 개발할 것인가에 대해 일반적인 방법을 제시한다.

종합계획에 대해 T. J. Kent는 일반계획(general plan)과 혼용해서 사용하면서 일반계획은 미래의 바람직한 물적 개발에 관한 주요 정책들을 설정하는 자치단체의 공식적인 진술로 정의하고 있다. 그리고 종합계획과 동의어로 마스트플랜(master plan)과 혼용해서 사용하고 있다. 여기서 종합성(comprehensive)이란 계획이 물적 개발에 관여하는 모든 기능적 요소와 지역사회의 모든 지리적 부분을 포괄하는 것을 의미하며, 일반성(general)의 의미는 계획이 특정한 입지나 상세한 규제가 아닌 정책과 제안을 한다. 그리고 장기란 앞으로 20-30년의 문제와 가능성을 살펴본다는 것이다.[2)]

종합계획의 내용에는 약간의 차이가 있기는 하지만 3개의 기술적 요소, 즉 토지의 민간이용과 지역사회의 시설과 교통이 최소한 포함되어야 하며, 유틸리티, 도시설계, 토지의 특별이용과 같은 요소가 포함될 수도 있다. 그리고 인구, 경제, 현재의 토지이용, 가정, 목표와 같은 배경이 되는 정보와, 주요한 설계제안인 도면이 포함

---

2) Black, A. 1968. “The Comprehensive Plan”, 「Principles and Practice of Urban Planning」, by W. I. Goodman and E. C. Freund ed., ICMA. pp. 349-351.

되어야 한다.

종합계획은 사회를 유기적 전체(organic whole)로 본다. Altshuler는 종합적 계획가의 주요한 기능으로: 마스터플랜을 만들고, 마스터플랜의 관점에서 계획가들의 제안을 평가하고, 계획기관의 계획과 공익과의 조정을, 특히 공익에 대한 이해와 지식을 가질 것을 강조하고 있다.[3)]

또 M. Branch는 종합계획은 전체로서 기관이나 조직의 실체를 위한 목표와 이러한 목표의 달성을 극대화하기 위한 사건의 방향에 대한 연속적인 설정으로 정의를 내리고 있다. 그리고 종합계획은 범위에 있어서는 종합적이며, 성격상 기능적이며, 물적 계획에 한정한다.[4)]

2. 종합계획의 기본요건

1) 내용상 기본요건

종합계획의 내용상 기본이 되는 요건으로 ①종합적이어야 하며, ②장기적이어야 하며, ③일반적이어야 하며, ④물적 개발에 중점을 두어야 하며, ⑤지역사회의 목적과 사회와 경제적 정책들과 관련하여 물적 디자인의 제안을 해야 하며, ⑥계획안은 먼저 정책을 제시하고 나서 그 다음으로 기술적인 수단들을 제시해야 한다는 것이다.[5)]

---

3) Altshuler, Alan, 1973. "The Goals of Comprehensive Planning", in 「A Reader in Planning Theory」, Andreas Faludi ed., Urban and Regional Planning Series, Vol. 5. Pergamon Press. p. 193.

4) Branch, M. C. Jr., 1959. "Comprehensive Planning: A New Field of Study", 「Journal of the American Institute of Planners」, Vol. 46. pp. 115-117.

2) 외형상 형태

종합계획안은 단일의 출판물이어야 하며, 이에는 주 내용, 도면, 예시, 표와 지역사회 전체의 총괄적인 물적 설계도면이 포함되어야 한다. 계획안은 읽고, 사용하기 편리하며, 값이 싸야 한다(가능하면 무료로 배부). 계획안은 그 자체가 명료해야 하며, 부록이나 참고문헌도 있는 것이 좋다.[6]

종합적 계획의 이론적 바탕은 합리성을 추구하는데 있다. 합리적 모델은 초기에는 널리 지지를 받는 개념이었다. 합리적 모델은 의사결정의 상황에 높은 수준의 통제를 상정하고 있다. 계획이 합리적이 되기 위해서는 생각할 수 있는 모든 행동과정을 파악해야 하며, 관련된 모든 목적에 따라 평가되어야 종합적이 된다. 그래서 대개는 합리적-종합적 계획으로 통합해서 사용하나 때로는 분리해서, 또는 혼용하여 사용하기도 한다. 이를 평가해야 할 프로그램도 이용 가능한 행동공간을 포함해야 하며, 그러한 행동공간도 해결되어져야 할 문제의 완벽한 정의에서 유래되어지는 접근방법이다.[7]

3) 기본적 계획과정

계획은 과정인데, 목표의 달성을 위해 일련의 수단의 집합을 선정하는 과정이며, 이러한 수단이 그럴듯하게 목표를 달성한다거나 성취의 기회를 극대화한다면 좋은(good)계획이 된다. 합리적 선택과정으로 목표에 대해 가장 좋은 수단을 선정하는 것이다.

따라서 합리적인 결정은 (1)의사결정자에게 공개된 행동을 위한

---

5) Black, A. 1968. 「ibid.」, p. 371.

6) 「ibid.」, pp. 371-372.

7) Faludi, Andreas, 1973. 「Planning Theory」, Urban Regional Planning Series, Vol. 7. Pergamon Press. p. 155.

모든 기회(opportunities)를 작성하고, (2)가능한 행동의 채택으로 파생되는 모든 결과(consequences)를 식별하고, (3)선호하는 결과에 따라 수행될 행동(action)을 선정한다. 이러한 정의에 따르면 어떠한 선택도 완벽하게 합리적일 수는 없다. 왜냐하면 행동이나 결과의 수가 너무나 많기 때문이다. 그러나 개념이 전적으로 무용한 것이 없기에, 대안이나 가능한 결과를 검토하는데 다소간 체계적일 수는 있다.[8)]

계획이란 행동과정과 관련한 하나의 결정이다. 행동과정이란 수단과 상호 연결되는 행위의 연속이기에 하나의 단위로 간주된다. 그러기에 계획은 기획적인 의사결정과는 구별된다. 행동과정의 합리적인 선택은 다른 합리적인 선택과 마찬가지로 똑같은 과정을 포함한다.

계획이 합리적으로 이루어질 수 있는 과정으로 Banfield는 ①상황의 분석(analysis of the situation), ②목표의 연역과 정교화(end reduction and elaboration), ③행동과정의 설계(design of courses of action), ④결과의 비교평가(comparative evaluation of consequences)를 제시하였다.[9)]

계획이 합리적이라면, 모든 결과는 반드시 고려되어야 한다. 대체로 좋은 계획이란 목표의 성취로 인해 의도하지 않은 결과까지도 탐색하는 것이다. 그러기에 계획가는 원하든 원하지 않든지 간에 집합으로 행동과정의 결과들을 고려해야만 한다. 그래서 이러한 평가는 각 집합에 부착되어 순가치로 표현되어야 한다. 만약에 모든

---

8) Banfield, Edward C., 1973. "Ends and Means in Planning", 「A Reader in Planning Theory」, Andreas Faludi ed., Pergamon Press, Urban and Regional planning Series, Vol. 5. pp. 139-141.

9) Banfield, Edward C., 「ibid.」, pp. 141-142.

가치가 수리적인 지표로 표현될 수 있다면 어려움은 적다. 그러나 그렇게 할 수 없기에 계획가들은 각 가치들 사이에 적절한 균형을 주어야만 한다.

한편 선택과정을 강조하는 Davidoff와 Reiner는 수단의 식별과정에 있어 일반 목적에서 특수 프로그램으로 전환하는 것이 중요하며, 특히 논리적으로 하위의 수단들이 연역되어야 한다고 했다. 그리고 수단을 식별하는 방법으로는 먼저 가치와 일치하는 대안적 수단의 일반성을 식별하고 나서, 식별된 대안들 가운데 가중치를 주는 방식을 중시하였다.[10] 그리고 Branch는 종합계획에 있어 유기체적으로 보면서 목적과 수단을 하나의 전체성(totality)으로 보면서 분석과정을 일련의 과정으로 보고 있다.

이처럼 종합계획의 과정은 다음과 같이 목표의 결정과 최종안의 채택에 두고 있다. ①현재 상태의 제시: 필수적인 모든 측면에서 환경내의 현재 상태와 유기체의 최근 개발을 간결하게 기술하는 표현. ②현재 상태의 예측: 유기체의 내부의 상황, 외부의 환경, 현재의 목적, 정책 및 계획이 지속될 것을 가정하면서 미래의 그럴듯한 개발을 보여주는 것이며, 이는 수정의 효과를 식별하기 위한 분석기반을 제공한다. ③예측한 현재 상태의 수정: 유기체의 미래에 상당히 영향을 끼치는 내부와 외부의 환경을 통합하는 것이며, 이 단계는 필요하고 바람직한 행동의 방향을 결정하며, 앞의 현재 상태의 예측과 비교하여 부분적인 변경을 나타낸다. ④가능한 개발의 범위: 앞으로 기업이나 다른 유기체의 최적의 상태를 나타내는 것이다. 이는 가상적으로 고려하는 범위를 넓히거나 기회의 비정상적

10) Davidoff, P. and Reiner, T. A. 1973. "A Choice Theory of Planning", 「A Reader in Planning Theory」, Andreas Faludi ed., Pergamon Press, Urban and Regional Planning Series, Vol. 5. pp. 30-33.

인 경로를 식별하게 한다. ⑤종합계획안: 미래의 필요하고, 바람직하고, 가능한 목적들의 결합을 통합한다. 이는 조직체를 위한 기술되고 수인된 활동, 방향, 의도의 공식적인 진술이다. 이는 단기, 중기, 장기의 목표들이 포함되며, 1년의 예산이나 2년의 운영계획들이 포함되기도 한다. 이처럼 계획목적들은 이러한 분석과정을 거쳐 식별되고, 검토되고, 채택되어지는 의도들이다.

3. 계획의 범위

계획의 실제적 범위에 대한 논란이 계속되고 있다.

하나의 주장은 종합계획은 물적 계획과 연관이 있는 사회, 경제, 행정, 재정문제나 기타 부문계획을 포괄해야 한다는 것이다. 계획은 어떤 주제에 응용될 수 있는 방법이나 접근방법으로 간주되기에, 종합계획은 사회나 경제개발과 비물적 제안을 위한 계획을 포함할 수 있다는 것이다. 그래서 H. Fagin은 물적 계획과 모든 종류의 계획이 초종합적인 정책계획(policies plan)에 통합되어야 한다고 주장했다.

이에 반해 다른 주장은 물적 개발에 한정해야 한다는 것이다. 계획은 특정한 기법들을 합치는 것이 아니라 물적인 것과 연관되는 사고라는 것이다. 이는 도시계획의 전통적 범위였으며, 이러한 견해는 물적 디자인의 배경을 가진 계획가들에 의해 지지를 받아왔다. 이러한 논란은 도시계획가의 학문적 배경에 따라 그 주장이 달라지기 때문에 한쪽만 지지하기가 어렵다.

III. 종합계획에 대한 비판들

종합계획에 관한 여러 학자들의 비판과 대안적 접근들을 검토해 보면 다음과 같다.

1. Meyerson의 비판

초기의 학자인 Meyerson도 전통적 종합계획은 관련된 정보의 부족과 의사결정자에 대한 유인책의 부족으로 효과적이 될 수 없으며, 정치와 시장(market)의 역할을 강조하면서 계획은 종속되어야 한다고 했다. 또 그는 종합계획은 실제적 의사결정에 이르는 가이드로 더 의미가 있다고 하면서, 지역의 행동계획과 기능과 계획기관의 변화를 추구하는 중간 형태의 계획을 제안했다. 그리고 합리적-종합계획의 이상과 조직선택의 실제와의 격차를 인정하면서, 종합계획은 규범적인 계획으로서만 의미를 가진다고 주장했다.[11)]

2. Lindblom의 비판

종합적 접근방법에 대한 비판가운데 너무나 잘 알려진 Lindblom의 점진주의적 접근이 있다. Lindblom에 의하면 단절적 점진주의는 의사결정자의 제한적 인지능력과 정보수집과 처리비용의 제한 등으로 인해 범위를 줄이는 방향으로 의사결정을 해야 한다는 것이다. 그는 여섯 가지의 기본방향을 제시하였다. 첫째, 종합적으로 조

---

11) Faludi, A., 1973. in 「A Reader in Planning Theory」, Pergamon Press, pp. 113-116.

사하고 모든 대안을 평가하기보다는, 의사결정자는 현존하는 정책과 약간 개선된 정책에만 초점을 맞추어야 하며, 둘째, 비교적 적은 수의 정책적 대안만 고려해야 하며, 셋째, 각각의 정책적 대안에 대해서도 제한된 수의 중요한 결과만 평가하도록 해야 하며, 넷째, 의사결정자가 직면한 문제는 계속해서 재정의하자는 것이다. 점진주의는 실제로 문제를 다루기 쉽도록 목표와 수단, 수단과 목표를 끊임없이 조정하는 것을 가능케 한다. 다섯째, 이슈에 관하여 하나의 결정이나 해결책을 제시하기보다는 계속적인 분석과 평가를 통해 끊임없이 시도하며, 의사결정은 치료적인 것이어야 한다는 것이다. 즉 미래의 사회목표의 증진보다는 현재의 구체적인 사회 불완전을 경감시키고자 노력해야 한다는 것이다.[12)]

점진주의는 사회를 다원적으로 보며, 정책은 사회의 여러 집단간의 주고받는 것의 결과로 본다. 그러므로 좋은 결정이란 의사결정자 사이에 합의에 의한 것이고, 나쁜 결정이란 예상되는 행동과정에 영향을 끼칠 수 있는 주체들을 배제하는 것으로 본다.

Lindblom은 연속적이고 제한적인 비교의 접근을 통하여 가치있는 목표와 필요한 행동의 경험적 분석의 선정은 분리되는 것이 아니라 밀접하게 연결되어 있으며, 수단과 목적이 뚜렷하지 않으면 제한되거나 적절하지 않을 수 있으며, 좋은 정책의 검정은 여러 분석자 스스로가 정책에 동의할 때 가능하다고 보았다. 또 중요한 결과가 무시되거나, 중요한 대안적 정책이 무시되거나, 중요한 가치가 무시되는 경우 분석의 한계가 있다고 보았으며, 성공적인 비교는 이론에의 의존을 줄이거나 감소시킬 수 있다고 주장하였다.[13)] 요약컨대

12) Etzioni, A., 1973. “Mixed-scanning”, in 「A Reader in Planning Theory」, Pergamon press, pp. 219-220.

Lindblom은 계획은 한계-의존적인 선택, 고려되어야 할 정책대안 수의 제한, 주어진 정책에 고려되어야 할 결과 수의 제한, 정책에 대한 목적의 조정, 자료처리의 제한적 구축, 계속적인 분석과 평가, 분석과 평가의 치료지향성, 분석과 평가의 사회적 분절화 등이 특징인 단절적-점진주의적 접근방법을 주장했다.

그러나 규범적 모형으로서의 점진적 접근에 대한 비판은 사회전체의 규제적 중심이나 인도하는 기관이 없이 단순히 각 집단사의의 합의에 의한 결정은 바람직한 의사결정의 방법으로 간주될 수 없다는 것이다. 먼저 이렇게 이루어진 결정은 힘이 강한 집단의 이익을 반영하지만, 혜택을 받지 못하거나 정치적으로 조직화되지 않은 자들의 요구는 무시되기 쉬우며, 사회의 기본적 혁신을 무시하는 경향이 있다는 것이다. 이는 근본적인 변화보다는 순환적으로 단기적 변화에 초점을 맞추거나 과거 정책과 약간 차이나는 것을 추구하기 때문이다.

3. Etzioni의 Mixed-scanning

다음으로 종합계획에 대한 비판 내지 절충적 대안으로 Etzioni의 혼합-탐색적(mixed scanning)접근을 간과할 수가 없다. Etzioni는 사회의 의사결정은 합리적 모형이 상정하는 것처럼 유토피아적인 것도 아니며, 점진주의적 접근방법과 같이 보수적인 것도 아닌 혼합-탐색적인 방법이어야 한다고 주장한다. 혼합-탐색적 접근방법은 사회적 의사결정에 보다 적극적인 두 가지의 메카이즘을 요구한다.

---

13) Lindblom, C. E., 1973. 'The Science of "Muddling Through"', in 「A Reader in Planning Theory」, Pergamon press, pp. 154-155.

먼저 보다 상위의 기본적 정책결정은 기본 방향을 설정하는 과정으로, 점진적 과정은 기본적 결정을 준비하고 또 이를 작동하는 과정으로서, 이 둘을 다 포함하는 것이 혼합-탐색적 접근방법이다. 예로서 기상위성을 이용하여 전세계의 날씨를 관찰한다고 할 때 두 개의 카메라로, 하나는 상세하지는 않지만 하늘의 모든 부분을 커버할 수 있는 각이 큰 카메라를, 다른 하나는 상세하게 검토할 수 있는 카메라를 사용하자는 것이다.

이처럼 혼합-탐색적 접근을 통해 종합계획과 점진주의 접근의 단점을 줄일 수 있다는 것이다. 점진주의는 기본적 결정이 요구하는 상세성을 제한함으로써 합리주의의 비현실적인 측면을 줄일 수 있으며, 합리주의는 장기적 대안들을 모색함으로써 점진주의의 보수주의적 경향을 극복하는데 도움을 줄 수 있다는 것이다.

혼합-탐색적 접근은 정보수집을 위한 과정, 자원배분의 전략, 이들 간의 관계를 위한 가이드라인을 제공한다. 탐색하는 수준에 시간과 자산을 어떻게 투자할 것인가를 결정하는 것이 전략의 한 부분이 된다. 그리고 의사결정에 있어 행태적 요인들로서 의사결정자의 지위와 권력관계, 환경, 주체자의 능력을 중시한다. 그리고 Etzioni는 사회문제를 효과적으로 처리하기 위한 활기찬 사회(active society)의 구비조건으로 합의를 도출할 수 있는 보다 큰 능력, 다수의 통제 수단을 통한 보다 큰 효과성, 전체주의 사회가 추구하는 것과 같은 합리적인 것도 아니고, 전략적 민주주의가 옹호하는 점진적인 것도 아닌 혼합-탐색적인 것의 추구를 강조했다.[14)]

---

14) Etzioni, A., 1973. in 「A Reader in Planning Theory」, Pergamon press, p. 229.

4. Davidoff의 옹호주의적 접근

Davidoff는 계획가는 옹호자로서 바람직한 사회에 대해 자신과 고객(client)의 견해와 소수인의 복지가 보호받도록 노력할 것을 강조했다. 따라서 옹호적 계획가는 정보의 제공자나 현재경향의 분석가나 미래의 가정이나 수단의 분석가 이상의 역할을 해야 하며, 실제적인 해결책의 지지자가 되어야 하며, 고객에게 책임을 져야 한다는 것이다. 더욱이 계획가는 이해의 옹호자로서 정치적 과정에 관여할 수 있어야 하는데, 이해란 지역사회의 미래개발을 위한 정책을 제안하는 개인이나, 집단이나, 조직이나 정부 관심사인 것이다.[15)]

그리고 계획의 적절한 행동은 가치중립적 입장에서는 나올 수 없는데, 이는 처방(prescription)이 바라는 목적에 바탕을 두고 있기 때문이다. 즉, 가치는 합리적 의사결정과정의 불가피한 요소인 것이다. 그리고 계획가가 지향해야 하는 가치는 분명해야 한다. 계획가는 처방에 내재하는 가치를 분명히 해야 하며, 이를 확인해야 하며, 적절한 것을 옹호해야 한다. 따라서 계획가는 단순히 기술자(technician)가 되어서는 안된다. 또 Davidoff는 계획과정에 시민의 참여를 강조했으며, 단일기관이 단일의 종합계획을 수립하는 것을 거부하였다. 복수의 계획안을 준비함으로써 합리성의 수준이 향상될 것으로 보았다. 즉 복수주의와 옹호주의적 관점에서 프로그램을 만들 것을 제안했다.

그리고 그는 계획을 물적 계획과 동일시하는 것은 너무나 근시안적이기에 범위의 확대를 원했다. 따라서 계획가의 업무의 범위는

---

15) Davidoff P., 1973. "Advocacy and Pluralism in Planning", in 「A Reader in Planning Theory」, Pergamon press, pp. 177-285.

시장이나 시의원이 요구하는 것보다도 더 넓어야 하며, 시장은 특히 계획가들의 조력이 필요하다. 계획의 범위의 확대는 도시계획가들로 하여금 도시개발에 영향을 끼치는 구조와 힘에 대한 포괄적인 지식을 요구한다.

5. Faludi의 비판

종합계획의 한계를 극복하고자 하는 또 하나의 접근으로 Faludi의 계획전략을 들 수 있다. Faludi는 합리적 계획의 제약과 문제점으로 정보처리능력의 제약에 대한 대처능력의 부족, 제한된 정보채널과 기억력의 제한, 정보의 수집과 분석에 드는 비용과 시간의 제약 등을 지적하였다. 실제 객관적이고 합리적인 행동을 위해 요구되는 해결책이나 합리적인 해결을 요구하는 문제의 크기와 비교해 볼 때 복잡한 문제의 형성이나 해결하려는 인간의 능력은 아주 미미하다.

그러므로 정보의 제한을 감안하고 주제에 대한 합리적 결정을 가능하게 하는 계획전략으로 (1)상례화이다. 이는 문제에 대해 상례적인 해결방안을 받아들이는 것도 하나의 전략이 된다는 것이다. (2)연속적 의사결정이다. 전체적인 문제를 해결할 수 있을 때까지 연속적으로 하자는 것이다. 연속적 의사결정은 비록 위험은 있기는 하지만, 보다 좋은 것이 발견될 때까지 계속하는 것이다. (3)혼합적 탐색이다. 기본 결정과 이에 따른 세부결정으로 구성되는 것으로 프로그램의 형성에 계층적인 조직을 이용해서 상황을 보다 상세하게 이해함으로서 성공적이 될 수 있다는 것이다.

합리적 판단을 위한 계획전략으로 (1)만족화이다. 이는 최적화보다는 만족화를 추구하는 것으로 최소기준에 합당한 프로그램을 수인하고 그 이상의 추가결정은 자제하는 것이다. (2)선험적 의사결정으로 어떤 결정에 있어 선험적으로 결정을 하는 것이다. 가치나 선호를 결정할 때 의사결정자는 선험적으로 결정하기도 한다. (3)임의적 의사결정으로 선호가 없을 때 임의적으로 결정하는 것이 합리적이 될 수 있다는 것이다.[16)]

Ⅳ. 전략계획의 이론적 고찰

전략계획은 본래 회사의 장기계획과 경쟁력 강화를 위한 계획에 활용되었으며, 80년대 와서는 도시와 지역의 경쟁력을 증진하기 위하여 이 기법이 활용되었다. 전략계획은 조직이나 지역사회가 외부환경과의 관계에 있어 자기의 이점을 식별하는데 도움을 준다. 외부 요소에 대한 강조는 공공과 민간의 관여를 강조하며, 자원과 환경을 고려할 것을 강조한다. 그리고 자원의 이용가능성을 중시하기에 전략계획은 제한된 자원을 어떻게 이용할 것인가에 대한 방법을 모색하는 수단이 된다. 그래서 자원의 제한을 느끼는 전환기에 지방의 지도자들은 전략계획에 관심을 가지게 되었으며, 지역사회가 직면한 이슈나, 기회, 문제를 고려하는 하나의 방법으로 관심을 끌게 되었다.[17)]

요컨대 전략계획은 조직이나 지역사회로 하여금 자신의 정체성

16) Faludi, A., 1973. "Ch. 6 Rational Planning-Limitations and Approach", 「Planning Theory」, Pergamon Press, pp. 105-126.

17) Sorkin D. L., Ferris N. B., and Hudak J. 1984. 「Strategic for Cities and Counties: A Strategic Planning Guide」, Public Technology, Inc. Washington, DC. pp.2-3.

을 분명하게 하도록 하는 하나의 개념이며 과정이고 도구의 집합으로 간주된다. 그러나 전략계획이 다른 종류의 계획이나 활동을 완전히 배제하거나 대체하는 것은 아니며, 다른 종류의 접근이나 활동들을 통합하거나 보완하는 하나의 대안적인 접근방법이다.

전략계획의 주요 특성으로 Kaufman과 Jacobs가 문헌연구를 통하여 집약한 것을 원용하고자 한다. 이의 특성으로는 참여의 확대, 환경의 탐색, 이슈의 선정, 전략의 수립, 행동과 집행지향성, 점검과 수정 등이다.

V. 종합계획과 전략계획과의 비교

앞에서 기술한 종합계획과 그 비판이론 및 전략계획과의 주요한 차이점과 유사한 점을 서로 대비해 보면 다음과 같다.

1. 계획과정에서의 차이점

먼저 계획과정에서의 차이이다. 종합계획의 기본과정은 일반적으로 현재상황의 분석, 목표의 연역과 정교화, 행동과정의 설계, 대안의 비교평가, 최적안의 선정 등이다. 즉 목표의 설정과 종합계획안을 마련하는데 두고 있다.

이에 반해 전략계획의 과정은 대체로 조직화, 환경의 탐색, 외부와 내부요인의 분석, 이슈의 선정, 목표와 전략의 수립, 행동계획과 집행, 점검과 수정 등이다. 이 둘 간의 차이는 조사나 분석이 환경의 탐색으로, 목표나 대안의 선정이 이슈와 목표와 전략의 선정으로, 집행과 환류가 행동계획과 점검 및 수정으로 대비된다. 종합계획에서는 환경요소들을 모두 조사하도록 되어 있어나 제한적일 수 밖에 없으며, 대안의 채택 후에는 환류는 있으나 점검이나 수정은 별로 하고 있지 않다. 그러나 전략계획에서는 무엇보다도 외부와 내부 요인의 분석을 중시하고 있으며, 점검과 수정도 강조하고 있다.

2. 종합성의 비교

종합성의 범위에 있어 종합계획은 공간상의 물적 배치뿐만 아니라 각 부문계획과 기능계획까지 포함하는 지역사회의 전체를 포함한다. 그러나 종합계획은 법적 요구조건이나 프로그램의 결과로 결코 종합적이 되지 못하고 단지 토지이용, 공공시설, 교통, 유틸리티, 주택 등에 한정되고 있다. 실제로 이들 기능계획들 간에도 서로 연계되지 않는 경우가 많으며, 이들을 합한 것에 지나지 않는 수가 많다.

이에 반해 전략계획은 주요 이슈를 선정하여 전략을 수립하는 방식이기에 모든 부문을 다 포괄하는 것은 아니다. 그러나 전략계획은 법적 지위는 없지만, 법적으로 요구하는 것과 실제 결정이나 정책 사이에 교량역할은 한다. 전략계획은 결정적 이슈에 전략을 수립하는 것이므로 특정 부문에 한정되지는 않는다. 즉 중요하다고 여기는 문제는 어떠한 것이라도 계획의 대상이 될 수 있다. 그래서 전략계획은 특정 부문에 한정되지만, 필요하면 어느 부문도 다룰 수는 있다.

3. 접근방법상의 차이

종합계획은 의사결정의 접근방법에 있어 사회와 도시를 유기체적 전체로 보면서 합리성과 전체성을 강조한다. 그러기에 계획수립에 있어 모든 변수와 관련되는 행동과정을 전부 고려해야만 한다.

그러나 앞에서 지적한 것처럼 Meyerson은 이상과 실제와의 격차를 인정하면서 종합계획은 규범적 계획으로서 의미만 지닌다고 지적했다. Lindblom은 한계의존적인 선택, 정책과 결과 수의 제한, 자료처리의 제한적 구축, 계속적 분석과 평가 등을 강조한 보수적인 단절적, 점진적 접근방법을 강조했다. 또 Etzioni는 절충적으로 상위의 기본방향은 합리주의적 방법으로 하위는 점진주의적 접근방법을 주장했다. 그리고 Faludi는 인간능력의 제한, 비용과 시간의 제약, 제한된 정보능력 등의 이유로 합리적 결정을 위한 계획전략으로 상례화, 연속적 의사결정, 혼합적 탐색 등의 방안을 제시했다.

한편 전략계획은 의사결정에 있어 참여의 확대와 환경의 탐색을 강조하고 있어 가능한 한 합리적으로 의사결정을 하도록 하고 있다. 그러나 이슈나 전략이나 목표는 소수의 핵심적인 것을 선정하도록 하고 있어 한계적이며 제한적이다. 그래서 전략계획의 접근방법은 종합계획과 이의 비판이론들을 혼용해서 사용하고 있다.

4. 공공이익의 추구상의 차이

공공이익의 추구상의 차이이다. Altshuler가 강조하는 것처럼, 종합계획에서는 공익이나 사회정의를 중요시한다. 한편 Davidoff는 옹호주의적인 관점에서 고객과 소수인의 복지를, 고객에게 책임을 질 것을 강조한다. 그래서 단순히 기술자적 입장을 벗어나 가치지향적인 처방의 제시를 요구하고 있다.

이에 반해 전략계획은 그 어원상 형평성보다는 능률성이나 효율성을 강조하는 것으로 느껴지며, 공익의 추구에 대해서는 특별하게 언급하고 있지 않다. 그러나 어떤 부문의 공익의 추구가 중요한 사회적 이슈가 되면 이것이 전략의 대상이 될 수 있기에 공익을 추구하지 않는다고 단언할 수는 없다.

5. 의사결정자의 관심에서의 차이

핵심적 의사결정자의 관심을 끄는 데 차이가 있다. 종합계획은 정부의 현존하는 의제에 한정하지만, 정부내의 계획기관의 구조적 위상으로 인해 제약을 받는 수가 많다. 계획가들도 지방정부의 핵심적 의사결정자와 직접적으로 연계되지 않는 경우가 많아서 기술자적 역할에 머무는 경우가 많다. 이에 반해 전략계획은 핵심적 의사결정자들에게 공공부문의 극적인 변화가 이들로 하여금 전략적으로 사고하고 행동하도록 강요하기에 관심을 안 가질 수 없도록 만든다. 이렇게 볼 때 전략계획은 종합계획 보다 정치화된 상황에 더 적합하며, 특히 지방지도자들에게 지역사회의 문제에 대하여 관심을 더 가지도록 한다.

6. 경향추계상의 차이

경향추계상의 차이이다. 종합계획은 장기계획의 성격을 띠면서 현재의 경향이 대체로 그대로 지속될 것으로 가정하여 추계한다. 그래서 장기계획은 가장 그럴듯한 미래를 상정하여 그에 도달하기 위한 일련의 결정과 행동을 한다. 이러한 경향분석은 추세분석으로서 대개 도시모형들을 이용하여 미래를 예측을 한다. 이에 반해 전략계획은 새로운 경향, 불연속성, 다양한 사건들을 인정한다. 그래서 전략계획은 우연성의 범위가 넓고 질적인 변화를 허용한다.[18]

7. 비전제시상의 차이

비전 제시상의 차이이다. 종합계획에도 비전의 요소와 미래의 이상화된 기술이 포함되지만, 그러한 비전과 계획을 실제 이끌어 가는 과정에 있어서는 상당한 격차가 있다. 그러나 전략계획에서는 성공의 비전을 강조하는데[19], 이는 전형적으로 조직, 환경, 그러한

---

18) 전략계획과 장기계획과의 차이: (1)둘 다 조직과 성과의 개선에 초점을 두고 있다. 그러나 전략계획은 이슈의 식별과 해결에 , 장기계획은 목적과 목표의 특화와 현 예산과 작업프로그람의 전환에 초점을 두고 있다. 전략계획은 정치화된 상황에 더 적합할 수가 있는데, 이는 이슈를 식별하고 해결하는 것이 조직의 목표와 행동에 관하여 전반적인 동의를 전제하는 것이 아니기 때문이다. (2)전략계획은 조직의 내외적 환경의 평가를 강조한다. 장기 계획가는 현재의 경향(trends)이 지속될 것으로 가정하는데 반하여, 전략계획가는 새로운 경향, 불연속성(discontinuities), 다양한 사건들을 인정한다. 그러므로 전략계획은 장기계획보다 계획에 우연성(contingency)의 범위가 넓고, 방향에 질적인 변화를 허용한다. (3)전략계획가는 장기계획들 보다 조직의 이상화된 측면을 더 강조 하는 경향이다. 성공의 비전(vision of success)에는 전형적으로 미래조직, 이의 환경, 및 그러한 환경 안에서 작용하는 조직의 방법들이 포함된다. 전략계획에는 방향에 있어 질적 변화(qualitative shifts)도 포함되는데 반해, 장기계획은 기본적으로 현재의 선형적인 추계(linear extrapolations)를 반영한다. 이러한 선형의 외삽은 그 방향에 있어 질적인 변화보다는 현존경향의 추계를 나타내는 목표의 진술로 구체화 된다. (4)전략계획이 보다 행동지향적이다. 전략계획가는 보통 가능한 미래의 범위를 설정하며, 그 범위 안에서 현재의 결정과 행동의 암시에 초점을 맞춘다. 한편 장기계획은 가장 그럴듯한(most likely) 미래를 상정하며, 상정한 미래에 도달하기에 필요한 일련의 결정과 행동들을 작성하기 위하여 되돌아보면서 일한다. 그러므로 장기계획가와 계획은 현재의 결정과 행동에 덜 치중하며, 우연성에 대한 대처가 부족하다.

19) Bryson, J. M. 1990. 「Strategic Planning for Public and Nonprofit

환경 안에서 작용하는 조직의 방법들을 포함한다. 이러한 비전으로 조직은 활기를 띨 수 있으며, 사람이나 조직으로부터 지원을 쉽게 받는다. 분명하고 합리적 비전은 현재와 바라는 세계와의 유용한 긴장(useful tension)을 조성해서 장애를 극복하고 계획의 실현성을 높이도록 한다.

8. 행동지향성에서의 차이

행동지향성의 차이이다. 종합계획에는 전형적으로 행동과 장소는 포함하지만 이를 행하는 주체에 대해서는 별로 언급하지 않는다. 이에 반해 전략계획에서는 주체, 행동, 지역 모두를 강조한다.

9. 기타

강조하는 분야에서의 차이이다. 종합계획은 지역사회의 문제나 해결에 중점을 두는데 반해, 전략계획은 무엇보다도 조직과 그 성과에 중점을 둔다. 그렇지만 전략계획도 조직이나 기능계획이나 지역사회의 계획에 그 접근방법을 활용하고 있어서 차이가 점차 줄어들고 있다.[20]

한편 Kaufman과 Jacobs는 전략계획에 경험이 있는 공공계획가들을 대상으로 한 전화인터뷰 한 결과 전략계획과 기존의 전통계획 간에는 근본적인 차이는 없으며, 단지 강조하는 점에 대해서만 차

Organizations」, Jossey-Bass Publishers, Oxford. pp.195-196.

20) Bryson, J. M. and Einsweiler, R. C. ed., 1988. 「Strategic Planning : Threats and Opportunities for Planners」, Planners Press, American Planning Association. p. 19-21.

이점이 있다고 밝히고 있다.[21)]

VI. 결 론

본 연구는 먼저 종합계획에 대해 개략적으로 고찰하였다. 종합계획은 기본적으로 체제이론에 바탕을 두면서 사회와 도시를 유기체적 전체로 보면서 상호의존성을 중시하기에 일반성과 완전성을 강조한다. 그리고 계획과정도 합리적 의사결정과정에 바탕을 두고 있으며, 장기성과 종합성을 그 속성으로 삼고 있다. 그러나 내용적으로는 제한된 물적 계획과 기능계획, 기술적 수단의 모색 등이며, 행태적 측면에서는 가치중립적인 기술자적 수준에 머물고 있다.

이러한 종합계획의 접근방법에 대해 학자들은 자기의 관점에 따라 다양하게 이의를 제기하였다. 먼저 Meyerson은 이상과 실제와의 격차를 인정하면서 종합계획은 규범적 계획으로서만 의미를 가진다고 주장하였다. 그리고 Lindblom은 사회를 다원주의적으로 보면서 치료적이고, 제한적이며, 불연속적이며, 점진주의적 의사결정의 접근방법을 강조했다. 한편 Etzioni는 합리적 모형이 상정하는 이상적인 것도, 점진주의의 보수주의도 아닌 이 둘을 절충하는 혼합적 탐색방법을 주장했다. 그래서 장기적인 대안은 합리주의적으로, 기본적인 결정이 요구하는 상세성은 점진주의적으로 함으로써 서로의 단점을 줄일 수 있다는 것이다. 또 Davidoff는 계획가는 자신과

---

21) Kaufman, J. L. and Jacobs, H. M., 1988. "A Public Planning Perspective on Strategic Planning", in 「Strategic Planning」, Bryson, J. M. and Einsweiler, R. C. ed., Planners Press, pp.43-46.

고객, 특히 소수인의 복지가 보장받도록 노력해야 하며, 가치지향성을 띠고서 단순히 기술자가 아닌 적절한 처방을 제시할 것을 요구했다. 그리고 복수주의와 옹호주의적인 관점에서 프로그램을 만들 것을 제안했다. 끝으로 Faludi는 여러 학자들의 견해를 종합화하는 관점에서 합리적 결정을 위한 계획전략으로 상례화, 연속적 의사결정, 혼합적 탐색을 제안했으며, 합리적 판단을 위한 계획전략으로 만족화, 선험적 의사결정, 임의적 의사결정 등을 주장했다.

80년대 와서 도시와 지역의 경쟁력을 증진하기 위하여 민간기업에서 활용되고 있던 전략계획의 기법이 원용되었다. 전략계획의 주요한 특성으로는 참여의 확대, 환경의 탐색, 이슈의 선정, 전략의 수립, 행동과 집행지향성, 점검과 수정 등이다.

종합계획과 그 비판이론 및 전략계획과를 서로 대비해 보면 첫째, 종합계획과 전략계획의 계획과정에서의 큰 차이는 조사나 분석이 환경의 탐색으로, 목표나 대안의 선정이 이슈와 목표와 전략의 선정으로, 집행과 환류가 행동계획과 점검 및 수정으로 대비된다. 종합계획에서는 환경요소들을 모두 조사하도록 되어 있어나 제한적일 수밖에 없으며, 대안의 채택 후에는 환류는 있으나 점검이나 수정은 별로 하고 있지 않다. 그러나 전략계획에서는 무엇보다도 외부와 내부 요인의 분석을 중시하고 있으며, 점검과 수정도 강조하고 있다. 둘째, 종합성의 범위에 있어 종합계획은 요구조건이나 프로그램의 결과로 결코 종합적이 되지 못하고 단지 토지이용, 공공시설, 교통, 유틸리티, 주택 등에 한정되고 있다. 실제로 이들 기능계획들 간에도 서로 연계되지 않는 경우가 많으며, 이들을 합한 것에 지나지 않는 수가 많다. 이에 반해 전략계획은 주요 이슈를 선정하여 전략을 수립하는 방식이기에 모든 부문을 다 포괄하는 것은 아니다. 그러나 중요하다고 여기는 부문은 어떠한 것이라도 계획의 대상이 될 수 있다. 그래서 전략계획은 특정 부문에 한정되지만, 필요하면 어느 부문도 다룰 수는 있다. 셋째, 종합계획은 의사결정의 접근방법에 있어 사회와 도시를 유기체적 전체로 보면서 합리성과 전체성을 강조한다. 그러기에 계획수립에 있어 모든 변수와 관련되는 행동과정을 전부 고려해야만 한다. 그러나 전략계획은 의사결정에 있어 참여의 확대와 환경의 탐색을 강조하고 있으며 이슈나 전략이나 목표는 소수의 핵심적인 것을 선정하기에 한계적이며 제한적이다. 이렇게 볼 때 전략계획의 접근방법은 종합계획과 이의 비판이론들을 혼용해서 사용하고 있다. 넷째, Altshuler가 강조하는 것처럼, 종합계획에서는 공익이나 사회정의를 중요시하며, Davidoff의 주장처럼 소수인의 복지와 고객에게 책임을 질 것을 강조한다. 이에 반해 전략계획은 형평성보다는 능률성이나 효율성을 강조한다. 그러나 어떤 부문이 중요한 사회적 이슈가 되면 이것이 전략의 대상이 될 수 있기에 공익을 추구하지 않는다고 단언할 수는 없다. 다섯째, 종합계획은 정부의 현존하는 의제에 한정하지만, 지방정부 내의 계획기관의 구조적 위상으로 인해 제약을 받는 수가 많다. 계획가들도 기술자적인 역할에 머무는 경우가 많다. 이에 반해 전략계획은 의사결정자들에게 전략적으로 사고하고 행동하도록 강요한다. 이렇게 볼 때 전략계획은 지방지도자들에게 지역사회의 문제에 대하여 관심을 더 가지도록 한다. 여섯째, 경향추계상의 차이이다. 종합계획은 장기계획의 성격을 띠면서 현재의 경향이 대체로 그대로 지속될 것으로 가정하여 추계한다. 그러나 전략계획은 새로운 경향, 불연속성, 다양한 사건들을 인정한다. 그래서 전략계획은 우연성의 범위가 넓고 질적인 변화를 허용한다. 일곱째, 종합계획에도 비전의 요소와 미래의 이상화된 기술이 포함되지만, 비전과 계획을 실제로 이끌어 가는 과정에 있어서는 상당한 격차가 있다. 그러나 전략계획에서는 분명하고 합리적인 비전의 제시로 현재와 바라는 세계와의 유용한 긴장을 조성해서 장애를 극복하고 계획의 실현성을 높이도록 한다. 여덟째, 전략계획에서는 주체, 행동, 지역, 동원 가능한 자원 등을 강조하기에 종합계획 보다 행동과 집행지향성을 띤다.

이상에서 살펴 본 것처럼 종합계획과 그 비판이론 및 전략계획은 비교하는 분야에 있어 많은 차이점과 유사한 점이 있다. 그러나 Kaufman과 Jacobs은 전략계획과 종합계획 간에는 근본적인 차이는 없으며, 단지 강조하는 점에 대해서만 차이점이 있다고 주장했다. 요컨대, 전략계획은 기존의 종합계획을 완전히 대체하는 계획이론이라기 보다는 계획환경이 바뀜에 따른 이 시대의 새로운 접근방법 중에 하나이다.

제 2 장 지방자치단체장의 바람직한 역할*

I. 서 론

지방자치의 단체장의 업무수행에 따라 그 지역과 주민은 모든 측면에서 절대적인 영향을 받는다. 본 연구는 단체장의 바람직한 역할을 위한 과제와 방안을 제시하는데 주된 목적이 있다. 단체장의 행태와 역할에 대하여 설문조사나 실증적인 조사를 하기가 현실적으로 어렵기 때문에 단체장의 역할, 과제, 바람직한 리더십 등에 대해서는 전략계획의 이론을 원용한 개념의 틀을 가지고 문제점과 시사점들을 유추하고자 한다. 단체장의 지위와 역할, 리더십에 대해서는 기존의 지방행정학, 계획이론, 지방정치학, 리더십에 관한 연구들을 근간으로 분석하기에 본 연구는 학제적 접근이다. 본 연구의 자료로는 단체장에 관한 각종 간행물과 관련 기사 등을 참고로 한다. 그리고 단체장의 역할과 지방자치단체의 업무를 엄격히 구별하기 힘들기 때문에, 경우에 따라서는 이를 동일시 하기로 한다.

---

* 본 장은 한국지방자치학회, 2002. 「한국지방자치회보」 제14권 제4호, 에 게재한 논문을 수정한 것임.

II. 단체장의 역할과 전략계획

고전적 조직이론에서 최고 관리자의 업무를 Gulick은 7가지 즉 기획, 조직, 인사, 지시, 조정, 보고, 예산(POSDCORB) 등으로 간주하였으며, 이기옥은 단체장을 간단히 DIRECTOR라는 어휘로 상징적으로 분석하고 있으며,[22] Barnard는 행정가의 지도력은 기술적 차원에서 의사소통, 과업관리, 목표 및 목적설정 등이며, 태도, 이념과 희망을 도출해 내는 것이 지도자의 능력이라고 주장하였다. Kotter와 Lawrence는 시장의 주요의무를 (1)의제설정, (2)중요한 관계를 설정하고 유지하는 것, (3)구체적인 업무를 수행하는 일 등 3개로 대별하였다. 그런데 대부분의 시장들은 단기적이고 그때그때 대응하는 의제에 초점을 두고 있으며, 업무처리망 구축기법에 있어서도 획일적이지 않으며, 다양한 과제를 사용하고 있다. 과제달성을 위한 접근방법은 기업적이라기보다는 관료적이거나 개인적인 경향을 보인다. 또 Kotter와 Lawrence는 시장의 역할은 실질적으로 (1)시장의 행위에 대한 기회를 제공하는 경제적·사회적 및 정치적 특징이 결합된 도시환경, (2)도시정부의 공식적 구조, (3)지역사회의 권한배분의 형태, (4)시장의 개인적 성격 등에 의하여 결정된다고 한다.[23] 한편 Mintzburg는 시장의 관리업무의 내용

---

22) 1)D : Decision과 Direction. 결단과 목표와 방향의 설정, 2)I : Intelligence. 지식과 정보의 습득자, 3)R : Reliance. 신뢰있는 자, 4)E : Ethic. 윤리, 도덕적으로 하자가 없는 자. 5)C : Career. 경력이 있는 자, 6)T : Tolerence. 관용이 있는자, 7)O : Open. 개방적 인격자, 8)R : Responsibility. 책임을 지는 자. 이기옥(1997), 「생활 속의 지방자치」, 문원, pp. 49-50.

과 특징에 영향을 주는 요인으로 환경변수, 직무변수, 개인변수, 상황변수 등으로 대별하면서 관리자는 장기계획을 세우는 자유재량과 의무를 자신에게 유리하게 변화시키는 권리를 가지고 있다고 분석하고 있다.[24] 이처럼 단체장에 대한 선행연구들은 주로 단체장의 역할, 주요 의무, 지도력의 유형, 관리자의 유형, 영향을 주는 요인, 지방정부의 형태 등을 다루고 있다.

우리의 지방자치단체장의 지위와 권한은 지방자치법 각 조항에서 규정하고 있는 것처럼 종합적인 사무를 관할하는 지방자치단체의 대표기관으로 그 자치구역 내의 전 부문을 대표하며, 그 지위는 단체사무를 집행하는 최고책임자, 기관위임사무를 집행하는 책임자, 의례적인 대표 등의 지위를 가진다. 이처럼 단체장은 그 지역을 전인격적으로 대표하며, 관할구역 내에서 지방행정의 최고의 수장으로서 막강한 지위와 권한을 가진다.

우리의 단체장에 대한 연구에 있어 박종민 등은 우리의 지방정치는 시장독주체제로서 시장은 지방정치에서 중심적 행위자이며, 집행부의 수장으로 정책추진과 예산배정의 우선순위를 최종 결정하는 위치에 있다고 했다. 또 재선을 최대 관심사로 하기에 표를 의식한 예산배정과 정책추진을 시도하며, 시장은 후견인-고객의 교환관계를 통하여 시의원, 지방기업, 행정관료 등을 통치하고 있다고 주장했다.[25] 아울러 우리의 단체장은 지방정치과정에 있어 단연 핵심적 지도자의 지위를 보유하고 있으며, 단체장에 대한 견

23) 이성복(2000), 「도시행정론」, 법문사, pp.351-352.

24) 아몬즈 · 뉴웰 원저, 김충환 외 2인 번역(1990), 「도시행정가」, 청녕쿨, pp. 137-159.

25) 박종민 외4인(1999 여름), "한국지방정치의 특징", 「한국행정학보」, 제33권 제2호, pp.123-139.

제기관으로서 지방의회의 위상이 약하며, 단체장의 리더십에 대한 정당의 영향력이 취약한 것으로 분석하고 있다.[26] 이처럼 우리나라에서 단체장에 대한 연구는 대체로 외국의 지방정치나 지방행정, 지방자치의 이론들을 지방정치의 유형, 단체장이나 지도자의 권한이나 지위 등에 적용해서 단면적으로 분석하고 있다.

본 연구에서 단체장의 지위와 역할을 다면적으로 분석하기 위하여 전략계획 이론을 적용하고자 한다. 전략계획은 리더로 하여금 공동의 선(common good)을 위하여 바람직한 방법으로 목적을 추구하는데 도움을 준다.

Crosby는 공공의 리더십은 공동의 선을 추구하는 과정에 있어 집단행동을 시도하기 위하여 다른 사람들을 동원하거나 영향을 주는 것으로 정의하였다.[27] 전략계획과 집행이 잘 되기 위해서는 리더는 전후의 맥락들을 잘 이해해야 하며, 전략계획이나 집행에 관여하는 사람들을 잘 이해해야 하며, 과정을 후원하고, 주도하고, 용이하게 해야 하며, 대화와 토론을 최대한 활용해야 하며, 분야별로 집행해야 하며, 규범을 강화하고, 논란을 조정하며, 갈등을 관리하며, 윤리적이어야 한다. 요컨대, 전략계획을 위한 리더의 과업은 아주 복잡하고 다면적이다. 더욱이 전략계획은 집단적인 현상이며, 특히 후원자, 지지자, 조정자, 과업팀 등이 효과적으로 관여하도록 해야 한다.

---

26) 이승종(1998봄), "민선자치단체장 리더십의 영향요인", 「한국행정학보」, 제32권 제1호, pp.147-161.

27) John M. Bryson(1995), 「Strategic Planning For Public and Nonprofit Organization」, Jossey-Bass Pub., pp. 211-212.

III. 전략계획의 특성에 따른 문제점

단체장에 대한 과제 내지 문제점에 대해서는 전략계획의 의의와 특성을 원용해서 분석의 틀로 삼고자 한다.

1. 전략계획 특성에 따른 문제점분석

1) 참여의 문제

전략계획에는 많은 관계자를 상정하는데, 이들은 조직에 관심을 가지거나 임무의 성공에 관여하는 사람이나 조직이다. 예로서 선출된 관리, 고위관리, 업계대표, 교육위원이나 교육관리, 시민대표, 노동조합대표, 공익단체 책임자, 인접지역대표, 종교지도자, 언론 책임자 등이다.

참여의 문제의 경우 시장은 제도적 견제를 거의 받지 않고 시정을 운영하고 있다. 특히 박종민은 후견주의 네트워크 관점에서 도시정치를 분석하였다.[28] 즉 시장은 시의원, 행정관료, 기업인과 후견인-고객이라는 개별적인 교환관계와 유대관계를 형성하여 사적 연결망을 구축하고 지방정치를 주도하고 있다. 귀속주의 정치가 성행하고 있으며, 혈연 · 지연 · 학연으로 조직된 종친회 · 향우회 · 동창회 등이 배타적으로 비공식적인 영향력을 행사하고 있다고 분석하였다.[29]

주민참여의 어떤 조사에서 주민청원은 대부분의 지자체에서 소

28) 박종민(2000가을), "집단주의, 후견주의 및 도시의 리더십" 「한국행정학보」, 제34권 제3호, pp. 189-200.

29) 박종민 외 4인(1999여름), "한국 지방정치의 특징" 「한국행정학보」, 제33권 제2호, pp. 123-137.

수에 그치고 있으며, 자원봉사활동은 상당히 활발하나 대다수가 중년여성이며, 전문직의 참여는 분야에 따라 아주 제한적이며, 공청회는 형식적이다. 단체장과 주민과의 간담회는 형식적인 행사나 다과회 혹은 회식자리로 일관하는 지자체가 상당수이었으며, 위원회의 민간참여는 50%미만으로 분석하고 있다.[30] 계획의 수립과정에 있어 참여의 경우 계획수립기관도 아주 폐쇄적이고 제한적이며, 위원회나 공청회도 형식적이고 의례적인 경우가 많다.[31] 이처럼 관계자들은 대부분 형식적으로 시정에 참여하며, 시장이 독주하고 있다.

2) 환경의 탐색

Denhardt는 조직은 진공상태에서 존재하는 것이 아니기에, 조직의 목적과 목표를 달성하기 위하여 환경이 제시하는 제약과 자원을 고려해야 한다고 주장하고 있다. 환경의 탐색은 조직으로 하여금 시간과 공간을 넘어서 살피는 것을 장려하며 조직자체의 장점과 약점을 평가하도록 하는 것이다.

주요한 외부요인으로는 규제와 법률의 변화, 경제변화, 사회와 정치변화, 기술변화, 인구변화 등을 들 수 있다. 이들은 지역사회나 조직의 앞날에 크게 영향을 끼치는 요인들이다. 내부요인은 각종의 자원(인적, 경제적, 능력별), 현재전략(전체, 기능별, 부서별), 성과(과거, 현재) 등이며, 사실과 의견을 수집하는 것도 중요하다.

오늘날 지방행정의 환경변화로는 세계화와 정보화, 민주화와 공

---

30) 대한국토 · 도시계획학회 외(2001), 「살고 싶은 도시 만들기 : 지속가능한 도시대상 2000」, pp.46-54.

31) 안태환(1997), “도시계획수립상의 문제점과 개선방향”, 「국토계획」, 제32권 제3호, pp. 57-58.

개화, 시장원리의 도입 등을 들 수 있다. 그러나 우리의 각 자치단체들은 외부의 환경변화, 특히 국제환경 변화나 IT산업의 혁명, 정보화의 추세 등을 미사여구로 서술하고 있어 구체성이 결여되어 있다. 실제로 그 실체를 정확하게 분석해서 지방행정이나 정책에 반영했는지 의구심이 든다. 위기적 요소로 지방재정 수입의 감소, 경제기반의 취약, 타 지역과의 갈등 등도 감안해야 한다. 내부환경 탐색에 있어 조직이 수직적으로 경색되지 않는지, 시의회가 효과적인지, 시 전반에 비전이 있는지, 시민의 의견수렴이 있는지, 시장이 독선적이지 않는지 등도 검토해야할 사항들이다.

3) 이슈의 선정

이슈란 기본정책이며 이는 조직의 의무, 임무, 가치, 생산이나 서비스 수준, 고객, 이용자, 비용, 재정, 조직이나 관리에 영향을 끼친다.[32] 이슈는 정치적 의사결정에 핵심적인 역할을 하며, 이슈가 선정되고 해결되는 방법에 따라 계획과정은 많은 영향을 받는다. 이슈가 잘 선정되어지면 그 후의 결정도 정치적으로나 기술적으로 수인 가능해 진다.

이슈의 선정으로 진실로 무엇이 중요한가에 대해 관심을 끌며, 변화에 필요한 유용한 긴장을 불러일으킨다. 그리고 이슈를 해결하는 방법에 대해 유용한 단서를 제공하며, 참여자를 보다 진지하게 만든다. 그러나 대부분 이슈는 무엇이, 왜, 어떻게, 언제, 어디에, 누가 혜택을 받을 것인지 등에 대하여 갈등을 내포하고 있다.

---

32) Bryson, John M.(1990), "Identifying the Strategic Issues Facing an Organization", in 「Strategic Planning for Public and Nonprofit Organizations」, Jossey- Bass Publishers, p. 139.

4) 전략의 수립

전략은 조직의 존재, 조직의 업무, 조직의 이유를 규정하는 의도, 정책, 프로그램, 행동, 결정, 자원배분 등의 패턴이다. 그리고 전략은 조직과 환경을 연결시켜주는 교량이며, 조직의 기본 정책인 이슈를 다루기 위해 수립된다. 전략의 수립으로 지도자의 관심이 지속된다면, 집행을 추진할 수 있을 정도로 크고 강한 유대가 나타난다. Whitehead는 조직은 변화 속에 질서를, 질서 속에 변화를 추구해야 하는데, 이는 조직과 환경사이에, 또 과거와 미래 사이에 새롭고 효과적인 다리를 놓는 것이다. Toft는 경쟁적인 전략을 강조하고 있는데, 성공적인 지역사회는 그 자체가 경쟁의 산물로 봐야 한다는 것이다. 80년대 이후 시나 군, 지역은 서로 간에 경쟁적으로 되었으며, 제품생산이나 산업입지에 있어서도 서로 경쟁적이 되었다.

전략은 경쟁의 강조, 소수의 전략, 공식적인 합의를 중시하는데, 대부분의 자치단체에서는 경쟁보다는 일반적이고 정태적인 전략, 소수의 전략보다는 종합적이고 포괄적인 전략, 주무부서의 전략, 합리적인 절차보다는 합법을 분식한 자의적인 사업결정이나 전략이 수립되고 있다.

5) 집행의 문제

전략계획은 집행을 강조하는데, 특히 결정적 이슈에 희소자원의 배분을 강조한다. 전략은 예산과 연계되어야 하며 집행계획은 연간 계획이나 예산순환과 연계되어야 한다. 시와 군의 전략계획이 제대로 이루어지려면 성공적인 자원배분이 이루어져야 하며, 외부자원과 지원도 필요하다.

우리의 경우 대부분의 단체장들은 자기 임기동안에 과시적이고 현시적인 공공사업을 추진한다. 이에 따라 재정규모나 앞으로의 재정계획이나 재정의 건전성 등을 깊이 생각하지 않고 의욕적이고 즉흥적으로 대규모 사업을 추진하는 경우가 많다. 이러한 현상으로 인해 각급 자치단체의 부채문제가 현재 국가적으로 심각한 문제로 대두되고 있다. 더욱이 자치단체의 부채문제는 현 단체장보다는 후임단체장이나 지역주민의 부담이 되기 때문에 신중을 기해야 한다.

지자체의 각종 계획이나 사업계획의 실현가능성 및 성과에 대한 한 조사에서 상당수의 지자체는 계획의 일관성이 없으며, 계획방향에 확고한 의지를 확인하기 어려웠으며, 지자체의 자원과 능력을 감안하지 않고 수립된 목표가 많았으며, 특히 첨단산업, 관광휴양, 환경보전 등의 목표에 있어 구체적인 실천방향을 제시하지 못해 구호에 그치는 경우도 많았다.

Ⅳ. 전략계획 특성에 따른 단체장의 역할

J. Banovetz는 도시행정가는 관리역할이나 정치적 역할보다는 정책역할을 더 중요시했으며, 임수복은 자치단체장의 역할을 정책가형, 행정가형, 정치가형, 기업가형의 유형으로 대별하고, 이에 대해 공무원과 주민을 대상으로 설문조사를 해 본 결과 정책가형 역할이 가장 중요하다는 조사결과를 얻었으며, 정책가형 역할을 수행하기 위해서는 단체장은 (1)비전제시능력, (2)행정수요대응능력, (3)정책개발능력, (4)환경분석능력 등이 요구된다고 주장하였다.[33]

---

33) 임수복(2002), "지방자치단체장의 역할 확인 및 정립방안에 관한 연

오늘날 자치단체를 둘러싸고 있는 외부 환경이 격변하기 때문에 행정가로 하여금 전략적 관리자가 되기를 요구하고 있다. 이는 환경의 위협과 기회를 인지하고 창조적 방법으로 이에 대응하며, 조직의 업무에 대한 폭넓은 시야를 가져야 한다는 것이다.[34] 아울러 구조의 개혁과, 비전의 제시도 요구된다. 행정관의 임무는 지도자로서 개인 및 조직의 목표와 권력을 사용하여 다양한 요소들을 협동적으로 결합시키며, 환경과 상호작용하며, 조직의 윤리적 도덕적 수준을 유지하고 성공을 위한 전략을 발전시키는 데 있다.

이처럼 오늘날 외부 환경이 격변하기 때문에 행정가로 하여금 전략적 관리자가 되기를 요구하고 있다. 이러한 전략적 리더십은 Bass의 변혁적 리더십과 일맥상통하는데, 변혁적 리더는 전략적 리더와 마찬가지로 비전창출, 환경대처, 핵심가치제시 등의 행태를 보이기 때문이다. 아울러 변혁적 리더십은 조직이 처한 상황을 변혁시키기 위해 모든 기회를 이용하여 혁신을 주도해야하기 때문이다.[35] 이는 환경의 위협과 기회를 인지하고 창조적 방법으로 이에 대응하며, 비전제시와 구조개혁, 조직의 업무에 대한 폭넓은 시야를 가져야 한다는 것이다.[36] 전략적 리더는 많은 정보와 계획, 실험을 통해 예상되는 위험을 대처하는 리더이며, 기본적으로 미래지향적이다. 전략적 리더는 자원배분과 조직이 나아가야 할 최적의 진로를 결정한다. 최고관리자로서 주요한 비전의 제시와

구", 「지방 자치발전 및 행정개혁: 2001년도 지방자치학회 동계학술세미나 자료집」, pp. 87-111.

34) 아몬즈 · 뉴웰 원저, 김충환 외 2인 번역(1990), 「전게서」, p.17.

35) 이창원(2000여름), "지방자치단체의 계층이 단체장의 리더십 행태와 그 효과성에 미치는 영향", 「한국행정학보」, 제34권 제2호, pp.143-155.

36) 아몬즈 · 뉴웰 원저, 김충환 외 2인 번역(1990), 「전게서」, p.17.

장·단기 전략을 수립한다. 이를 위해 많은 정보에 근거한 분석적이고 체계적인 분석과 외부 참여나 과업팀을 최대한 활용한다는 것이다.37)

앞에서 서술한 전략적 리더십의 관점을 근간으로 하면서, 앞장에서 분석한 지방행정의 문제점에 대해 전략계획의 이론들을 원용해서 전략계획적 단체장의 각 분야별 바람직한 역할에 대해 고찰해 보면 다음과 같다.

1. 참여의 확대

Faludi의 실체이론과 절차이론을 원용해 볼 때 단체장은 관할구역내의 모든 실제부문을 총괄해야 하는 종합적인 관리자(generalist)이면서도 특정분야에 이론과 지식을 갖춘 절차적인 합리성을 추구하는 전문가(specialist)적인 자질이 요구된다. 뿐만 아니라 단체장은 지방행정의 모든 실체적인 부문을 관리하고 문제들을 치료하고 해결하기 위해서는 지방행정 전체가 시스템적으로 작동되도록 노력해야 한다. 이를 위해서는 지방의회의원, 사회단체, 행정관료, 기업 등 지방의 관계자들이 열린 마음으로 적극적으로 참여할 수 있도록 단체장이 분위기를 조성하고 법규에 따라 제도적 장치를 마련해야 한다. 아울러 단체장은 지방의원, 행정관료, 사회단체, 지방기업 등 지방의 각 참여주체들이 자기들의 권한과 임무를 잘 수행할 수 있도록 지지하고 후원해서, 서로가 상호작용 내지 보완하도록 노력해야 한다.

우리의 같이 시장독주체제아래 시장의 후견주의 네트워크를 지

---

37) 현대경제연구원 옮김(1988), 「리더십」, 21세기북스, pp. 166-175.

양하기 위해서는 단순히 인간관계가 아닌 법과 제도에 바탕을 두는 관계형성이 요구된다.[38] 그리고 단체장은 각 분야에 전문가를 성의껏 초빙해야 한다. 특히 산하 사업기관이나 연구기관이나 직능단체장을 선임할 때 인간적인 관계나 정치적 이해득실보다는 그 분야의 전문성을 가진 의욕적인 사람을 공개적으로 모집해서, 심사위원회에서 객관적으로 검증된 인물을 초빙해야 한다. 우리는 단지 지긋한 나이에 그럴듯한 학력이나 경력은 있지만 엄격한 의미에서 적임자가 아닌 사람을 기관장으로 임명한 경우를 많이 보아왔다. 이럴 경우 그 기관이나 조직은 제 기능을 다하지 못하며, 그 구성원들도 의욕적으로 일하기 어렵다.

전략계획에서는 각종 위원회와 과업팀을 강조한다. 위원회는 운영, 관리, 정책, 자문, 심사, 특별위원회 등이 있다. 실제로 도시의 주요 현안이나 문제해결을 위하여 법정으로나 조례로 각종위원회나 특별팀을 운영하고 있다. 각 위원들을 공정하게 구성해서 참여시켜야 한다. 그리고 구성이나 설치보다는 회의를 자주 하거나, 회의 결과를 공개하거나, 적절한 권한을 부여함으로써 각종 위원회의 운영을 활성화해야 한다. 또 특별임무를 수행하기 위하여 과업팀을 구성할 수 있다. 과업팀은 특별한 이슈나 전략수립, 집행을 위하여 폭넓은 관심과 의식을 가진 사람들이 참가하도록 해야 한다. 과업팀은 대개 15-20명 정도가 적당하며, 지방자치단체의 고위관리나 정책결정자가 참여하는 것이 바람직하다.

---

38) 박종민(200가을), “집단주의, 후견주의 및 도시의 리더십” 「한국행정학보」, 제34권 제3호, pp. 200-201.

2. 비전의 제시

비전은 조직의 임무뿐만 아니라 환경과 참여자와 관련하여 조직이 보여져야할 방법들을 기술하는 것이다. 그러므로 비전에는 조직의 임무, 기본철학, 핵심 가치, 목표, 기본 전략, 행태, 성과기준, 의사결정의 원칙, 윤리기준 등이 포함되어야 한다. 아울러 비전의 표현은 분명하고, 간결하며 인상적이어야 하며, 조직의 존재이유와 사회적 목적을 강조해야 한다. 그리고 비전은 기회와 위험을 예상하며, 기획의 중요성을 타인에게 확신시키는 것을 의미하며, 지역사회와 영역 안에서 조직이 적응하는 방법을 이해하고 그 위상을 증진하기 위해 전략화해야 한다.

성공적인 비전의 제시로 조직은 활기를 띠며, 사람이나 조직으로부터 지원을 쉽게 받을 수 있다. 분명하고 합리적인 비전은 현재와 바라는 세계와의 유용한 긴장을 조성해서 장애를 극복하고 실현성을 높인다. 이처럼 각 단체장은 추구해야할 성공적인 비전을 제시해야 하며, 이를 달성하기 위하여 주민들이 노력하도록 만들어야 한다. 비전을 가진 리더는 좋은 프로그램으로 작용하는 임무에 적극적으로 관여해야 한다.[39)]

도시마다 각기 고유한 역사에 근거한 이미지와 얼굴이 있으며 그것을 창조적으로 발전시키기 위해서는 비전이 필요하다. 특히 지방자치단체장은 시민들이 진정으로 공감하는 도시 미래상의 제시와 도시조성을 위해 동참할 수 있는 비전을 선정해야 한다.[40)]

---

39) Thomas Wolf(1999), 「Managing A Nonprofit Organization in the Twenty-First Century」, A Fireside Book Pub. by Simon & Schuster, pp. 334-335.

40) 송창석 편역(1995), 「자치단체장의 자질과 수완」, 대륙, pp.42-43.

3. 객관적인 환경의 탐색

지역사회가 바라는 미래상에 대한 합의를 도출하기 위해서는 해당 지역 내의 자원분석과 그 지역을 둘러싸고 있는 내·외적 환경의 탐색이 필요하다. 이의 목적은 도시의 결정적인 이슈를 식별하는데 있다. 환경의 탐색은 상황의 분석 내지 문제의 진단으로 볼 수 있다. 상황의 분석에서 현재 상황의 주어진 조건들을 면밀히 검토해야 한다. 문제의 진단은 작용하는 바라는 상태에 대한 이미지에 좌우되며, 이러한 이미지는 특별한 목표, 일반적 규범, 기준, 이데올로기, 유토피아적인 견해에 대해 어떤 형태를 제시한다.

Pflaum과 Delmont는 외부탐색의 기능으로 핵심적인 이슈를 식별하고, 이슈와 경향을 분석·해석하며, 의사결정에 유용한 정보를 만들어 내는데 있다고 했다. 특히 정치·경제·사회·기술(PEST)의 힘과 경향의 파악이 중요하다. 내부탐색으로는 자원(투입), 현재전략(과정), 성과(산출) 등을 분석해야 한다. 어떤 중심도시의 SWOT에 의한 한 사례로 외부의 기회는 경제가 성장되고, 교통·접근성이 좋아지고, 조직이 조정되는 등이다. 위기로는 재정수입이 감소하고, 경제기반이 취약해지고, 재정수요가 많아지는 등이다. 내부의 장점으로는 시장이 강한 리더십을 발휘하고, 노동자들이 헌신적이고 사기가 높으며, 조직이 독립적이고 유연하며, 시민참여가 높은 것 등이다. 단점으로는 조직이 수직적으로 경직되어 있으며, 관리비전이 없으며, 인사제도가 낡으며, 시장이 효율적인 관리자가 아닌 것 등을 들고 있다.

그 동안 우리는 지역사회의 문제점 분석이나 진단을 온정주의나 애향심적인 마음을 가지고 분석하는 경우가 많았다. 그래서 우리의 실제를 현재 있는 그대로 객관적이고 적나라하게 분석하지 않았으며, 우리가 처해 있는 조직이나 지역사회의 장점과 단점, 기회와 위기를 간과하는 경우가 많았다. 우리는 각 자치단체가 안고 있는 내·외적 문제를 타 지역이나 외부의 전문기관에 의뢰해서 종합진단을 받아볼 필요도 있다. 그리고 단체장은 어떤 정책이나 계획을 추진하기 위하여 주민들의 바람이나 의견에 대해 의식조사도 할 필요가 있다. 또 오늘날 각종 요인들이 급변하기 때문에 환경의 탐색은 일정한 간격을 두고 정기적으로 시행하는 것도 바람직하다.

이처럼 환경의 탐색은 단체장으로 하여금 조직과 환경에 양적이고 질적인 통찰력을 제공하기 때문에 특별히 관심을 가져야 한다. 그리고 특별팀으로 하여금 지역사회가 부딪치는 외부요인과 내적으로 안고 있는 내부요인들을 종합적이고 객관적으로 분석할 필요가 있다.

4. 합의적인 이슈의 선정

이슈를 선정할 때 (1)이슈는 정치적 의사결정에 주요한 역할을 하므로 정책결정자가 결정해야 한다. (2)이슈는 사회적 긴장을 조성하며, 자원동원을 용이하게 하기에 사회적 합의에 따라 선정되어야 한다. (3)모든 부문을 포괄하는 것이 아닌 결정적인 이슈에 한정해야 한다. (4)논란거리가 적고 명료한 이슈를 선정해야 한다. (5)많은 시간을 할애하여 참여자 사이에 진정으로 합의한 이슈를 선정해야 하는 것 등이 유의해야 할 사항이다. 이렇게 될 때 단체장이나 지역사회는 이슈를 해결하기 위해 내부적 갈등이나 의구심을 가지지 않고 모든 자원이나 노력을 동원하게 된다.

외국 도시의 이슈선정 사례로 미국 샤롯데의 계획팀은 성장전제, 환경, 공공서비스와 시설, 개발, 근린지역, 시민참여, 도시설계, 지방정부 등 8개를 선정하였다. 미네아폴리스는 시장의 제안으로 공공안전, 직업, 시민가치, 청소년, 근린지역, 주택, 환경, 경제, 문화와 레크리에이션, 도시재정 등 비전적 이슈를 선정했다. 또 세인트 폴에서는 직업, 주택, 근린지역, 정부성과, 인간개발 등 5개 이슈를 선정했다. 이처럼 각 도시마다 특별하게 강조해야 하거나 시급하게 해결해야할 과제들을 이슈로 선정했다. 그러나 주요이슈는 일반적 도시문제들인 주택, 교통, 환경, 직업, 도시경제와 재정, 공공서비스 등에 초점을 두고 있다.[41)]

우리의 경우에도 이슈를 선정할 때 지역 여론을 수렴해야 하며 지방의회, 관계자, 특별팀, 계획팀 등과 충분히 논의하고 합의해서 선정해야 할 것이다. 특히 단체장선거 때 당선을 위해 깊이 검토하지 않고 제시한 각종 선거공약이나 주요 이슈에 대해서는 그 적합성을 다시 검토해서 필요하면 수정하거나 보완하여야 할 것이다.

5. 전략적인 전략의 선정

전략계획안에는 임무의 진술, SWOT의 분석, 전략적 이슈, 전략들(실제적인 대안, 꿈, 비전), 성공의 비전 등이 포함되어야 한다. 전략을 선정할 때 유의해야 할 사항으로 (1)소수의 전략적인 전략을 선정하여야 한다. 그리고 전략은 적절한 내용으로 기술되어야 하며, 너무 단순하거나 장황해서도 안 된다. (2)지역실정이나 특성을 고려해서 전략을 선정해야 한다. (3)전략은 대안의 범위가 넓을

---

41) 안태환(2001), 「계획이론연구」, 대구대출판부, pp. 100- 102.

수록 좋으며, 하향적이든 상향적이든 상관없다. (4)전략 간에 계층성을 이루도록 해야 한다. 전체적으로 의무와 임무, 상위 전략, 하위 전략, 기능 전략, 구체적인 프로그램, 재정계획, 집행계획 등이 포함되도록 해야 한다. (5)전략은 효율성과 집행에 합리적 가이드가 될 수 있을 정도로 상세해야 한다. (6)전략은 지방행정의 정책이나 사업의 선정과 유사하기에, 긴급하고 우선 순위가 높은 것부터 선정해야 한다.

그리고 전략을 선정할 때 단체장은 누구보다도 먼저 관심을 가져야 한다. 또 전략적 사고를 가지고 희소자원을 가장 전략적인 전략에 집중적으로 투자해야 한다. 또 전략을 선정할 때에는 다수의 동의형성과정이 필요하며, 특히 관련 부서 간에 긴밀한 협의를 거쳐야 하며, 의사소통과 이해의 증진으로 정서적 유대를 형성해야 한다. 특히 단체장은 추진 전략이 선정되고 나면, 그 내용을 공개해야 한다. 공개함으로써 시민의 협조를 구할 수 있으며 비난이나 비리의 여지도 없앨 수 있기 때문이다.

6. 효율적인 집행

집행을 통하여 이슈나 전략이 실현되기에, 집행은 전략에게 생명을 불어넣어 주며, 조직이나 지역사회를 위해 실제적인 가치를 창조한다. 그리고 집행은 의도적이고 전략적으로 계획되고, 관리되고, 예산이 뒷받침되어야 한다.

효율적인 집행을 위해서는 (1)행동계획(action plan)에 따라야 한다. 행동계획은 범위가 제한적이어야 하며, 단기적이어야 하고, 환경에 민감해야 하며, 자원과 점검과정 등이 포함되어야 한다. (2)전략과 예산과의 연계성을 강조해야 하며, 중장기 개발계획과 예산제도와 연계시켜야 한다. 즉 집행까지 고려하는 광의의 계획과정으로 수립되어져야 한다. (3)효율적인 집행이 되기 위해서는 단체장은 우선순위가 높은 이슈나 전략에 집중적으로 투자해서 소기의 성과를 올리도록 해야 한다. (4)전략계획에서는 민간이나 외부자원의 동원을 강조하고 있다. 실제로 지방자치단체에서는 제3섹터 방식의 민·관합동사업을 도입하고 있으며, 관·민파트너십의 필요성, 사례, 제도 등이 논의되고 있으며, 정부에서도 필요한 사회간접자본의 건설에 민자를 적극 도입하고 있다.[42)]

오늘날 지방정부는 정치단위이면서도 경영단위로서의 성격을 띤다. 특히 지방통치(local governance)라는 개념으로 행정기관, 기업, 시민단체간의 관계에 근거하여 공·사간 구분없이 협력과 참여를 통하여 도시의 공공문제를 해결해나가고 있다. 이의 특징은 지방정부를 중심으로 제도적이고 공식적인 관계보다는 행정기관, 기업, 시민집단 간에 있어 각자의 전략적 목표와 이해관계를 비공식적인 네트워킹을 통해 반영, 조정, 통합해 나가는데 있다.[43)]

---

42) 민관파트너십이 필요한 이유로는 제한된 재정, 전문화된 기술의 요구, 능률성의 강조로 작은 정부와 시장메카이즘의 강조 등이다. 외국의 사례로는 수변재개발과 해안매립지 조성사업, 국제화나 정보화의 지구 조성, 복합용도지구개발 등이다. 그리고 성공적인 민관파트너십을 위해서는 (1)필요성의 뚜렷한 인식, (2)그 지방에 대한 책임, (3)강력한 리더십, (4)신뢰의 형성, (5)공공과 민간재원에의 접근, (6)전문성과 숙련된 스태프, (7)융통성 등이 요구된다. 안태환 (1993), “도시개발에 있어 관민파트너십에 관한 연구”, 「한국지역개발학회지」, 5(2) pp.1-19.

43) local governance는 지방공치, 지방통치, 동반적적 통치, 지방공동경영, 지방협치(일본), 지방통치체제 등으로 번역되고 있으며, Stoker는 governance의 개념을 상호의존성, 자원의 교환, 게임의 규칙, 국가로부터 상당한 자율성을 특징으로 하는 조직간 네트워크로 정의하고 있다.

그리고 단체장은 행정낭비를 줄이고 최소의 경비로 최대의 효율을 올리도록 해야 한다. 이를 위해서는 한정된 재원과 다양한 요구들을 단체장의 식견과 우선순위, 재정계획 등을 고려하여 결정해야 한다. 단체장은 각종의 정책이나 계획들이 지면 계획(paper plan)이 되지 않도록 해야 할 것이며, 정치적 상황이나 기술적 어려움에 직면하면 단계적으로 집행하는 것도 바람직하다. 특히 단체장은 비전과 주요 이슈 및 선정된 전략이나 사업에 예산을 최대한 반영해야 한다. 그리고 효과성이 적은 이벤트나 전시적인 행사는 가급적 지양하도록 해야 하며, 타 지역과 똑같이 하는 중복투자도 지양해야 할 것이다.

7. 윤리적인 관리자

바람직한 리더는 일반적으로 높은 도덕성, 성숙성, 경륜, 신뢰성, 정열, 창의성 등이 요구된다.[44)] 리더는 규범을 강화하고, 논란을 조정하며, 갈등을 관리해야 한다. 리더는 항상 윤리적이어야 하며, 이를 위해서는 다음과 같은 사항이 중요하다. (1)의도를 이해하고 공식 및 비공식적 조정을 활용하며, (2)조직의 통합을 조장하고, 윤리나 법규나 규범에 대해 교육하고, (3)특별한 경우에 법률, 법규나 규범을 적용해야 하며, (4)시간에 맞추어 법규나 규범을 적용해야 하며, (5)법규나 규범 간에 모순을 해소해야 한다는 것 등이다.

일반적으로 시민들은 통치엘리트에게 (1)도덕성, (2)지역에 관한 지식과 연고성, (3)친화력, (4)갈등해소능력 순으로 중요시하고 있다. 즉 단체장에게 요구되는 가장 중요한 덕목으로 도덕성과 청렴

44) Thomas Wolf(1999), 「ibid.」, pp. 336-337.

성을 요구하고 있다. 이렇게 볼 때 단체장에게는 뇌물수수나 비리와 관련하여 최소한의 위법사항만을 하지 말라는 것이 아니라, 적극적으로 전인격적인 완벽한 도덕성을 갖출 것을 요구하고 있다.

V. 결 론

본 연구는 단체장의 역할과 리더십에 대하여 전략계획의 특성을 원용해서 그 과제와 문제점, 바람직한 역할에 대해 고찰해 보았다. 본 연구에서 분석한 단체장에 대한 문제점과 이에 대한 역할제안은 다음과 같다.

첫째, 단체장은 지역문제해결을 위해 지방의회의원, 사회단체, 행정관료 등 많은 관계자들이 열린 마음으로 적극적으로 참여할 수 있도록 제도적 장치를 마련해야 한다. 또 단체장은 각 분야의 전문가를 성의껏 초빙해야 할 것이다. 특히 산하 사업기관이나 연구기관이나 직능단체장을 선임할 때 인간적 관계나 정치적 이해득실보다는 그 분야의 전문가를 공개적으로 모집해야 한다. 그리고 각종 위원회나 과업팀을 공정하게 구성해서 회의도 자주하고, 회의결과도 공개하고, 적절한 권한도 부여해서 활성화시켜야 한다.

둘째, 비전의 제시이다. 단체장은 성공적인 비전을 제시하거나 마련하도록 해서 시민이나 조직으로부터 지원과 동참을 유도해야 한다. 특히 단체장은 시민들이 진정으로 공감하는 미래상의 제시와 도시조성을 위해 동참할 수 있는 비전을 마련해야 한다.

셋째, 객관적인 환경의 탐색이다. 단체장은 외부의 환경변화, 특히 국제환경 변화나 IT산업의 혁명, 민주화의 추세 등을 정확하게 분석해서 지방행정이나 정책에 반영해야 하며, 내부적으로는 지방재정 수입의 감소, 경제기반의 취약, 타 지역과의 갈등 등도 고려해야 한다. 그리고 단체장은 지역의 문제들을 진단하거나 처방하기 위해서는 특별한 임무를 수행하는 과업팀을 구성하거나 외부의 전문기관에 의뢰해서 정확하고 객관적인 진단과 처방을 받아야 한다. 그리고 주민의식도 주기적으로 조사해서 정책에 반영해야 한다.

넷째, 합의적인 이슈의 선정이다. 이슈를 선정할 때에는 정책결정자가 결정해야 하며, 사회적 합의에 따라 선정해야 하며, 결정적이고 명료한 이슈를 선정해야 한다. 단체장은 이슈를 선정할 때 지역 여론을 수렴하고, 많은 관계자들과 합의해서 선정해야 한다. 특히 단체장선거 때 제시한 각종의 선거공약이나 주요 이슈에 대해서는 그 타당성과 적합성 등을 다시 검토해야 한다.

다섯째, 전략적인 전략의 수립이다. 전략을 선정할 때에는 소수의 전략적인 전략을 선정해야 하며, 적절한 내용으로 기술되어야 하며, 지역실정이나 특성을 고려해서 선정해야 하며, 전략 간에 계층성을 이루도록 해야 하며, 긴급하고 우선순위가 높은 것부터 선정해야 한다. 그리고 단체장은 전략을 선정할 때 누구보다도 먼저 관심을 가져야 하며, 전략적 사고를 가지고 희소자원을 가장 전략적인 전략에 집중적으로 투자해야 한다. 특히 단체장은 전략이 선정되고 나면, 그 내용을 공개함으로써 시민과 관계자들의 협조를 구해야 한다.

여섯째, 효율적인 집행이다. 효율적인 집행을 위해서는 행동계획에 따라야 하며, 전략과 예산이 서로 연계되어야 하며, 우선순위가 높은 이슈나 전략에 집중적으로 투자해야 하며, 민간이나 외부자원의 동원도 필요하다. 또 지방통치로 행정기관, 기업, 시민단체의 협력과 참여를 통하여 지역문제를 해결해야 한다. 그리고 단체장은 각종의 정책이나 계획들이 지면 계획이 되지 않도록 해야 하며, 단계적으로 집행해야 하며, 낭비적인 행사나 사업은 줄이며, 긴요한 이슈나 전략에 예산을 최대한 반영해야 한다.

끝으로 윤리적인 관리자의 역할이다. 리더는 항상 윤리적이어야 하며, 높은 수준의 도덕성, 청렴성, 신뢰성 등이 요구된다. 단체장은 그 지역사회 전체를 대표하는 도덕적인 인격체로 처신해야 한다.

제3장 도시계획수립상의 문제점과 개선방향*

- 전략계획의 관점에서 -

I. 서 론

계획의 접근방법에 있어 50년대와 60년대에는 종합적이고 장기적인 계획접근이 성행했지만, 계획사조의 변화와 종합계획에 대한 불만의 하나로 민간기업에서 선용되고 있는 전략계획적 접근방법이 공공계획에 원용되게 되었다. 전략계획은 조직내부의 장점(strenghs)과 단점(weakness), 외부의 기회(opportunities)와 위협(threats)을 고려해서 가장 중요한 행동을 식별하고 성취하려는 과정이며, 결정적 이슈에 희소자원을 배분하는 접근방법이다. 이에 따라 지역사회가 계획을 수립할 때 외부와 내부의 환경을 고려하고, 공공과 민간이 관여하고, 자원을 고려해서 전략을 수립함으로서 보다 집행지향적이 될 수 있다는 것이다.

본 연구의 으뜸되는 목적은 전략계획적 관점에서 우리의 도시계획수립상의 문제점들을 분석하고 나서, 이의 개선방안을 제시하는데 있다. 먼저 전략계획에 대한 이론적 고찰로 전략계획의 의의, 특성, 종합계획과의 차이점과 유사한 점, 도입의 필요성 등을 살펴보고 나서, 전략계획의 특성을 근거로 설정한 분석기준에 따라 도시계획수립상의 과제와 문제점을 분석하고자 한다. 그리고 전략계획

---

* 안태환, 1997, "도시계획수립상의 문제점과 개선방향", 「국토계획」, 제32권 제3호, 에 게재된 논문을 수정한 것임.

의 이론상의 강조점을 원용해서 각 분야별의 개선방향을 제시하고자 한다. 더욱이 전략계획의 이론을 원용하고 전략적으로 사고하고 행동하게 함으로서 우리의 도시계획수립에 있어 새로운 방향, 즉 효율성, 집행성, 공공성, 공개성, 민주성 등을 모색하는 방향을 제시하는데 있다.

연구방법으로는 이론적 연구와 경험적 연구를 병행하고자 한다. 이론적 연구로는 국내외의 도시계획과 전략계획에 관한 문헌들을 연구하며, 경험적 연구로는 도시계획보고서와 관련보고서, 설문조사와 외국도시의 사례분석에 중점을 두고자 한다. 분석하고자 하는 보고서로는 서울, 대구, 청주의 법정 및 비법정계획서, 서울의 자치구계획서, 그리고 관련기관의 연구보고서와 문헌 등이다. 특히 도시기본계획서를 중심으로 분석하고자 하며, 각 도시의 장기발전구상이나 자치구계획서도 병행해서 조사하고자 하는데, 이는 본 연구의 주된 의도가 계획수립상의 문제점들을 포괄해서 규명하는데 있기 때문이다.

설문조사는 도시계획을 수립하는 연구원과 교수들, 관계공무원과 지방의원들을 대상으로 1995년 7월 18일 부터 8월 24일 까지 약 1개월 동안에 설문조사를 행하였다. 설문지는 390매 배분하였는데 응답한 것이 148매로 회수율은 37.9%이었다. 회수된 설문지는 SAS 통계프로그램을 이용하여 문제점과 과제들을 분석하였다.

II. 도시계획수립상의 문제점들

앞에서 기술한 전략계획의 특성을 근거로 설정한 분석기준에 따라 우리의 도시계획수립상의 주요 문제점들을 요약적으로 서술하면 다음과 같다.

1. 참여문제

1) 계획수립기관

현재 도시계획의 입안은 대부분 전문연구원(소)이나 용역회사 또는 대학 부설 연구소에서 세우고 있다. 연구진의 구성도 용역기관에 따라 다른데, 전문연구원이나 용역기관은 실무형의 연구원이 많이 참여하고 있으며, 대학 부설 연구소는 각 부문별 전공교수들이 다수 참여한다. 연구진은 대체로 총괄책임자와 각 분야별 책임자로 짜여 진다. 그리고 대도시의 기본계획이나 발전구상은 지역의 전문가들이나 교수들이 주로 자문위원으로 참여한다. 연구진의 수는 대도시 기본계획의 경우 그 과업에 비해 참여 연구원의 수가 적다고 생각되며, 자치구 기본계획의 경우에는 연구진의 명단을 밝히고 있지 않아 몇 명이 참여했는지, 누가 어떤 분야를 책임지고 연구를 수행했는지를 알 수가 없다.

2) 위원회 문제

도시계획의 결정체계에 있어 지방자치단체는 조사, 연구, 심의, 의견청취 등만 할 수 있으며, 주요한 의결 내지 승인은 중앙에서 하도록 되어 있다. 도시계획위원회의 경우 법정계획은 지방도시계획위원회의 심의와 중앙도시계획위원회의 의결을 1-2회 받았다. 그러나 비법정계획은 도시계획위원회의 심의 내지 승인을 받을 필요가 없어서 심의를 받지 않았으며, 이들의 참여나 활동도 형식적이었다.[45]

대도시의 계획수립에 있어 대부분의 보고서에서는 자문회의나 시장단보고회나 간담회, 또는 세미나를 했는 것으로 기록은 되어 있다. 그러나 이러한 위원회, 자문회, 간담회가 어떻게 진행되고, 어떤 의견이 개진되고, 수렴되고, 반영되었는지에 대해서는 기록이 거의 없다. 자치구기본계획의 경우 대부분의 구가 구의회위원들에게 설명회를 했으며, 구도시계획위원회나 구도시정비위원회의 자문을 받은 것으로 기록은 되어 있다. 그러나 이러한 의견의 내용이나 수렴방법에 대해서는 언급이 없으며 명확한 일정도 없다. 그래서 언제, 어떻게, 설명회나 간담회를 했는지 알 수가 없다.

3) 공청회문제

도시기본계획의 수립시에 공청회는 1981년 도시계획법의 개정 이후 의무화되고 있으며, 대도시나 자치구 기본계획 수립시에 공청회를 어떠한 형식으로든지 개최하고 있다. 그러나 공청회의 진행과 질의응답에 관한 기록은 거의 없다.

공청회에 관한 하나의 사례로 1995년 4월 20일, 서울 상공회의소에서 열린 서울시 도시기본계획에 관한 것을 분석하였다.[46] 이 공청회의 참여관찰을 통하여 분석한 문제점으로 첫째, 발표자의 발표시간이 토론시간에 비해 너무 긴 것을 들 수 있다. 토론시간이 너

---

45) 서울시 도시계획위원회의 조사분석에서 대부분의 위원들이 조정자로서의 역할이 미흡하고 갈등관리가 제대로 안되며, 회의 중에 처리해야 할 안건수가 너무 많으며, 상정된 계획안들이 결정된 단계에서 위원회를 개최한다고 지적하였다. 朴洙哲, 1992. 「都市計劃決定過程에서의 都市計劃家의 役割에 관한 연구; 서울시 지방도시계획위원회를 사례로」, 서울대 환경대학원 석사학위논문.

46) 필자는 1995년 4월 20일의 공청회에 참석하였다. 그래서 주요발표내용, 주요질의내용, 답변내용, 발표시간, 참석인원 등을 기록할 수 있었다.

무 짧아 민의의 반영 보다는 발표내용이 일방적으로 전달되고 있다. 둘째, 참가자의 수가 적었으며, 더욱이 오후에는 그 참가자 마저 급격하게 줄어들었다. 또 일반시민의 참가가 아주 적은데 이는 주관부처에서 홍보를 적극적으로 하지 않는 것도 하나의 이유가 된다. 셋째, 시민질의자들은 도시전체의 발전이나 공익의 추구보다는 개인의 민원성 내지 지엽적인 질문을 많이 하였다. 넷째, 서울시 도시기본계획의 공청회를 1회만 하는 것은 도시계획법에서 요구하는 요건을 충족하기 위한 형식적인 것에 지나지 않는다. 다섯째, 총괄계획하고 부문계획하고 서로 연계되지 않은 부분이 다수 있었다. 즉 각 부문계획 간에 연계와 조정이 미흡했으며 단순히 각 부문계획들을 연합한 것이 많았다.

2. 환경탐색의 문제점

환경탐색에 있어 외부적 요인으로는 법률과 규제의 변화, 경제변화, 사회 및 정치적 변화, 기술변화, 인구변화 등을 중시하며, 내부탐색으로는 사실과 의견조사, 자원, 성과 등을 중시한다. 본 연구에서는 이러한 요인들 가운데 분석가능 한 것들을 대도시의 보고서나 문헌들을 중심으로 문제점들을 분석하였다.

1) 법이나 상위계획의 변화

도시계획은 법이나 상위계획의 개정으로 영향을 받는다. 그런데 이러한 상위계획이나 규제의 변화가 하위계획에서 그대로 적용되는데 문제가 있다. 대부분의 계획서들이 상위 계획이나 지침들을 똑 같이 획일적으로 기재할 뿐, 지역이나 자치구의 실정에 맞게 변형해서 적용하고 있지 않다.

2) 경제변화

도시경제는 국내외 경제변화에 영향을 받는데, 경제변화에 따른 서울시 1인당 소득추계의 경우 1980년의 보고서에서 1인당 소득은 20년 후인 2001년에는 1981년 보다 4.4배 증가한다고 추계했다. 그러나 이는 너무 낮은 성장률을 전제로 한 것이기에 이 소득은 90년대 초반에 이미 달성되었다. 1990년의 보고서에 있어서도 1인당 지역총생산의 추계에 있어 1년 후인 1991년의 실제치가 예상치를 11%나 웃돌고 있으며, 1996년의 실제치가 예상치를 18%나 웃돌고 있다. 즉 1980년이나 1990년의 계획수립시 주요한 경제지표인 1인당 소득을 정확하게 추계하지 못했다.

3) 기술변화

기술변화의 대표적인 산물로 자동차와 통신을 예로 들 수 있다. 우리의 경우 자동차의 급격한 보급을 80년대 초반에는 누구도 예상하지 못했다. 1980년의 서울 보고서에서 1991년의 예측대수인 510천대는 이미 1986년에 522천대로 초과되었으며, 2001년의 1,100천대는 10년 전인 1991년에 이미 1,193천대로 초과되었다. 또 1990년의 보고서에 있어 2000년의 2,700천대의 추정치도 1995년의 약 2,000천대의 보급을 상정한다면 신뢰성이 없는 수치가 되었다. 또 전화보유대수의 경우에도 1980년의 서울의 보고서에서 1991년에 965천대, 2001년에는 1,316천대로 추계했다. 그러나 급격한 통신-정보기술의 발달로 이러한 추계가 무의미해졌다. 즉 초반부터 전화보유대수의 예측은 어긋났다.

이처럼 기술변화의 산물의 하나인 자동차나 전화와 같이 기존의 경향과는 너무나 다른 상황이 전개될 때에는, 정량적인 도시모형을 적용하여 지표를 추계하는 것이 무의미해 진다.

4) 인구변화

인구는 도시에 있어 무엇보다도 중요한 독립변수이며, 인구지표에 따라 주요 시설과 규모가 달라지므로 무엇보다도 중요한 변수이다. 그러기에 인구는 도시의 환경, 조직, 기술 등에 지대한 영향을 끼치는 독립변수이면서도 영향을 받는 종속변수가 된다.

서울시 인구의 추계치와 실제치를 살펴보면 1980년 보고서에서는 당시 정부의 수도권인구감소정책이 지나치게 강조되었다. 당시 수도권인구재배치계획에 따라 서울인구를 안정화시킨다는 목표아래 1986년에 8,800천명, 1996년에 9,350천명, 2001년에 9,450천명을 계획인구로 설정했다. 그러나 이러한 계획인구는 1986년에 9,798천명으로 이미 초과되었으며, 그 이후 계속 증가해서 90년대에는 약 1,100천명이나 되었다. 이처럼 1980년의 인구추계 처럼 자연적 흐름을 무시하고, 실천이 뒷받침되지 않는 정책을 상정하여 계획인구를 과소 책정하는 것도 문제가 된다.

3. 이슈선정의 문제점

이슈는 기본정책이며 조직이나 지역사회의 계획에 큰 영향을 끼친다. 우리의 이슈선정의 문제점으로 첫째, 시대상황에 따라 이슈들을 너무 민감하게 부각시키고 있다. 둘째, 주요 이슈를 각 부문별로 선정하고 있다. 셋째, 이슈를 선정하는 방법으로 목표접근의 방식을 택하고 있다. 넷째, 이슈들을 누가, 어떻게, 왜 선정했는지에 대해서는 언급이 별로 없다. 대부분의 보고서들이 선정사유나 합의과정이나 선정주체에 대해서는 명확하게 기술하고 있지 않다. 다섯째, 이슈를 미사여구로 기술하고 있어, 문제의식을 흐리게 하고 있다. 여섯째, 주요 이슈들이 일반적이고 개략적이며, 원론적인 것들이 많다.

4. 전략수립의 문제점

우리의 계획환경에 전략의 강조점을 원용해서 분석해 보면 첫째, 도시내의 주요 부문들을 총망라하는데 문제가 있다.[47] 정부의 지침으로 인해 전국적으로 계획내용, 분석방법, 적용모형, 포맷 등이 대동소이하며 획일화되어 있다. 따라서 거대도시와 지방의 중소도시가 주요 지표에서만 차이가 날 뿐 기본 포맷은 거의 똑같다. 둘째, 부문계획 간에도 연계가 잘 안되고 있다. 각 부문계획 간의 연계여부에 대한 설문에서 응답자의 대부분이 서로 연결되지 않거나 서로 상충된다고 응답하였다. 셋째, 수단이나 정책제시가 너무나 정태적이다. 넷째, 주무부서의 계획안만 반영되며, 타 부서의 계획은 별로 반영 안되고 있다.

5. 행동과 집행지향성의 문제점

재정규모의 추계상의 문제점으로 첫째, 추세경향을 그대로 적용하기 어렵다. 더욱이 계획초반 부터 추정치가 맞지 않으면 말기에는 근본적으로 맞지 않는다. 둘째, 5년마다 임의적으로 일정한 증가율을 적용하는 것도 자의적이며, 정확하지 못하다. 셋째, 국가재정과 지방재정을 대비하여 그 도시의 재정을 추계하는 것도 바람직하지 못하다. 그 동안 지방세제의 개편과 지방재정의 비율이 꾸준히

---

47) 건설부의 도시기본계획수립지침에 따르면 계획에 포함되어야 할 각 부문별 계획으로 토지이용계획, 교통계획, 통신계획, 공공시설계획, 산업개발계획, 환경계획, 공원-녹지계획, 사회개발계획, 도시방재계획, 재정계획 등을 지정하고 있으며 각 부문별 계획에 대하여 상세한 작성기준, 수립절차, 규격 등에 대하여 지시하고 있다.

성장한 것을 감안한다면 정확한 방법이 못되기 때문이다. 그리고 계획안과 재정계획을 깊게 연계시키지 않고 계획안을 수립하는 것도 문제점이다.

6. 점검과 수정의 문제점

현재 각 부문계획을 구체적으로 잘 하고 있는지를 점검하고 있지 않다. 이는 구체적인 집행방안이 없기 때문에 점검을 할 수가 없다. 그리고 관련되는 법규나 상위계획이, 계획의 전제나 가정이 바뀌었거나, 각종 지표의 추정이 맞지 않거나, 도시의 행정구역이 바뀌었거나 기타 사유가 발생할 때 수정을 하게 된다. 그러나 우리의 경우 상위계획이나 전제들이 너무 자주 변경되기 때문에 도시계획을 자주 수정하거나 재개정하고 있다.

III. 도시계획수립상의 개선방향

앞에서 우리의 계획수립상의 주요 문제점들을 분석을 하였다. 본 장에서는 기존의 계획이론과 전략계획이론 및 외국의 전략계획의 사례들을 원용하여 각 분야별의 개선방향을 고찰해 보면 다음과 같다.

1. 참여의 확대

1) 단체장의 적극적인 관심

전략계획에서는 의사결정자가 전략적으로 사고하고 행동할 것을 강조하고 있다. 설문조사에서도 응답자의 92.5% 이상이 계획수립시에 단체장이 적극적으로 관심을 가져야 한다고 응답하고 있다. 더욱이 민선 단체장은 임기가 보장되고, 연임도 가능하기 때문에 적극적으로 관심을 가져야 한다. 그리고 단체장의 의무와 권한에 대해서도 법규에서도 보다 상세하게 규정할 필요가 있다.

2) 계획팀

연구 질의 향상을 위해서는 도시계획에 참여했는 연구진의 명단과 역할, 일정 등을 상세히 밝혀야 한다. 바람직한 연구진으로는 계획팀이 주도적으로 하면서 자문위원이나 관계공무원과 상의하면서 계획을 수립할 것을 바라고 있다. 계획팀에 관해서는 법규에서 아무런 언급이 없는데, 이들에 대해서도 최소한의 의무와 권한을 명시할 필요가 있다.

3) 지방의회의 역할의 명시

지방의회는 도시계획을 결정할 때 의견의 청취만 할 수 있으며, 적극적으로 심의나 의결을 할 수 없도록 되어 있다. 그런데 전략계획에서는 계획초안이나 최종계획안을 채택할 때 지방의회의 승인을 당연히 받도록 되어 있다. 개정을 추진 중인 도시계획법에서도 기본계획이나 도시관리계획의 경우에 지방의회의 자문을 받도록 되어 있지만 지방적인 부문에 대해서는 보다 적극적으로 승인까지 받도록 해야 할 것이다.[48)]

---

48) 건설교통부, 1995. 「도시계획법개정법률안」(미공개), 제38조의 지방의회의 및 도시계획위원회의 자문에 관한 규정에서.

4) 각종 위원회의 활성화

전략계획에서 위원회로는 운영, 자문, 관리, 정책, 검토위원회, 특별위원회로 과업팀 등을 상정하고 있다. 우리의 경우 설문조사에서 95.2%이상이 각종 위원회나 과업팀의 도입을 바라고 있다. 실제로 각 도시의 주요 현안이나 개발에 대하여 자치단체의 조례로 특별위원회나 과업팀의 설치는 가능하며, 실제로 이를 구성하여 정책방안들을 모색하고 있는 경우도 있다.[49] 그런데 위원회의 경우 구성보다는 운영이나 활용이 더 중요하다. 실제로 계획수립에 있어 비법정의 자문위원회가 있기는 하지만 폐쇄적으로 구성되며, 회의도 형식적으로 하고 있다. 이에 대해 공개적으로 위원을 모집하거나, 회의를 자주하거나, 회의결과를 공개하거나, 적절한 권한을 부여함으로써 각종 위원회의 운영을 활성화해야 한다.

5) 공청회의 개선점

공청회에 대한 개선점으로 먼저 공청회를 더 많이 개최해야 한다. 설문조사에서도 대다수의 응답자들이 생활권별로나, 각 구별로 개최하기를 바라고 있다. 현재와 같이 1-2회 하는 것에 대해서는 대부분의 응답자들이 미흡함을 느끼고 있다. 공청회의 발표방법, 민원적인 질의, 회의진행 대해서도 치밀한 준비가 있어야 한다. 그리고 도시계획(재정비)을 할 때에도 단순한 열람이나 의견서 제출보다는 공청회를 개최해야 할 것이다.

---

49) 대구시의 경우 민선시장의 주도로 1995년 7-9월 사이에 한시적인 특별위원회인 대구경제활성화기획단을 구성하여 단기와 장기의 발전전략을 채택하고, 이의 세부적인 실천정책을 세웠다.

2. 환경의 탐색

1) 법률과 규제의 변화

법규의 개정, 제도의 변경, 상위나 관련계획의 변경 등으로 인해 도시계획의 수립절차나 체계는 크게 영향을 받는다. 그런데 대부분의 보고서에서는 이러한 법규나 상위 계획들을 여과없이 그대로 게재하고 있다. 앞으로 관련 법규나 계획이 해당 도시에 어떤 영향을 끼칠 것에 대하여 치밀하게 검토하여 그 도시에 미치는 영향과 발전방향을 모색하여야 할 것이다.

2) 경제의 변화

국내외의 경제변화는 지역사회에 지대한 영향을 끼친다. 그런데 경제변화가 너무나 급격해서 대부분의 추계가 정확하지 못하다. 더욱이 미래는 우연적이고, 불연속적인 것들이 많이 일어나기에 정성적인 분석이 필요하며, 또 가변적으로 범위를 정하여 추계하는 것도 필요하다.

3) 기술의 변화

오늘날 기술변화의 속도가 너무나 빨라서 10년, 20년 후의 기술수준을 정확하게 예측하기란 사실은 불가능하다. 예컨대 서울시의 자동차 추계치와 실제치가 근본적인 틀리는 것은 자동차산업이 이렇게 급성장할 줄은 80년대 초반에는 상상할 수도 없었으며, 또 전화보급률의 예측실패도 정보통신산업이 급성장했기 때문이다. 이처럼 기술변화를 정확히 예측하기란 사실은 불가능하지만, 그 변화의 흐름을 잘 인지하고 예측해서 각 부문계획에 적절히 활용해야 한다.

4) 인구의 변화

인구는 무엇보다도 중요한 기본지표이다. 그런데 인구를 너무 적게 책정하거나 또는 너무 많이 설정하는 경우에는 정책이나 계획의지는 반영될 수 있을지는 모르지만, 계획의 신뢰성은 떨어지게 된다. 그러기에 인구의 변화와 동태성을 객관적으로 예측해야 한다.

3. 이슈의 선정

이슈의 선정에 있어서 첫째, 논란꺼리가 적고 명료한 이슈를 선정해야 한다. 이슈를 수사학적으로 표현함으로서 이슈가 모호해지기 쉽기 때문에 공감이 가는 전문적인 용어로 표현해야 한다. 둘째, 모든 부문을 다 포괄하는 것 보다는 결정적인 소수의 이슈에 한정해야 한다. 셋째, 이슈는 정치적 의사결정에 주요한 역할을 하므로 정책결정자가 결정해야 한다. 넷째, 계층화된 권위적인 조직에 적합한 목표접근보다는 지방화되고, 민주화되고, 급변하는 환경에 더 적합한 직접접근을 활용해야 한다. 다섯째, 이슈는 사회적 긴장을 조성하며, 자원동원을 용이하게 하기에 사회적 합의에 따라 선정되어야 한다.

4. 전략의 수립

전략수립상의 개선방향으로 첫째, 전략은 소수 부문에 한정해야 한다. 도시기본계획의 모든 부문계획을 수립하는데 대하여 많은 비판이 제기되고 있다. 이에 대한 설문에서 80.1%의 응답자들이 대체로 전 부문을 다루지만 이에 구애받지 않고 강조하는 부문에 한정하기를 바라고 있다. 둘째, 전략적 사고와 경쟁을 추구해야 한다.

전략은 어원적으로 경쟁의 의미가 강조되는데, 오늘날 지방화되고 세계화되는 이 시대에는 보다 전략적이고 경쟁적인 전략의 수립이 요구된다. 셋째, 지역의 실정에 적합해야 한다. 부문계획에 있어 현황이나 과제는 잘 기술하고 있으나 구체적인 방향제시가 없으며, 교과서적인 지식만 나열하고 있다. 따라서 지역의 특성이나 실정을 고려해서 전략을 제시해야 한다. 넷째, 전략을 계획팀이 독자적으로 정하기보다는 단체장이나 자문위원과 상의해서 정해야 한다. 그리고 의사소통과 이해의 증진으로 정서적 유대를 형성해야 하며, 각 계획주체들 간의 합의에 바탕을 둔 전략수립이 요구된다. 다섯째, 전략 간에도 계층성을 이루도록 해야 한다. 전략계획에서는 상위전략, 전략적 공공계획, 프로그램 또는 서비스 전략, 기능적 전략으로 나누고 이들 전략들 간에 목표와 수단으로 서로 연결고리를 형성해야 한다.

5. 행동과 집행지향성

행동과 집행을 강화하기 위한 방안으로 첫째, 행동계획의 수립이 요구된다. 행동계획에는 누가, 언제, 얼마를 쓰는가 등이 포함된다. 행동계획은 가능한 한 범위가 제한되어야 하며, 단기적이어야 하고, 환경에 민감해야 하며, 6하 원칙에 따라야 한다. 둘째로 희소자원을 우선순위가 높은 이슈나 전략에 집중적으로 배분해서 소기의 성과를 올리도록 해야 한다. 셋째, 집행까지 고려하는 광의의 계획과정으로 계획을 수립해야 한다. 넷째, 전략과 예산과의 연계성을 강조해야 하며, 중장기 개발계획과 중장기 예산제도와 연계시켜야 한다. 다섯째, 집행지향적이 되기 위해서는 단체장은 우선순위의 결정이나 집행에 대해 지속적으로 관심을 가져야 한다. 여섯째, 전략계획에서는 민간이나 외부자원의 동원을 강조하고 있는데, 우리의 경우에도 민간자원의 동원에 대해서는 대체로 공감하고 있다. 실제로 지방자치단체에서도 제3섹터 방식의 민관합동사업을 도입하고 있으며, 관민파트너십의 필요성, 사례, 제도 등이 논의되고 있으며,[50] 정부에서도 필요한 사회간접자본의 건설에 민간자본을 적극 도입하고 있다.

6. 점검과 수정

점검과 수정에 대해 첫째, 전략계획에서는 실제 수행한 것과 계획과를 비교해서 지속적으로 점검할 것을 요구하고 있다. 그래서 중간점검이나 최종평가를 제도적으로 도입할 필요성이 있으며, 객관적이고 구체적인 평가척도나 장치가 마련되어야 한다. 둘째, 점검이나 수정은 추가의 자원이나 시간을 배분하는 것이므로 처음부터 일정 비율의 재원을 미리 확보해 놓아야 한다. 즉 계획을 수립할 때부터 일정 비율의 재원을 점검이나 수정용으로 예비해 놓는 것도 계획의 질의 향상에 도움이 된다. 셋째, 계획의 전제나 가정, 외부환경, 이슈, 상위 계획, 각종 지표, 접근방법상의 오류 등을 지속적

---

50) 민관파트너십이 필요한 이유로는 제한된 재정, 전문화된 기술의 요구, 능률성의 강조로 작은 정부와 시장메카이즘의 강조 등이다. 외국의 사례로는 수변재개발과 해안매립지 조성사업, 국제화나 정보화의 지구 조성, 복합용도지구개발 등이다. 그리고 성공적인 민관파트너십을 위해서는 (1)필요성의 뚜렷한 인식, (2)그 지방에 대한 책임, (3)강력한 리더십, (4)신뢰의 형성, (5)공공과 민간재원에의 접근, (6)전문성과 숙련된 스태프, (7)융통성 등이 요구된다. 안태환, 1993. "도시개발에 있어 관민파트너십에 관한 연구", 「한국지역개발학회지」, 한국지역개발학회, 5(2) pp.1-19.

으로 점검해서 수정하도록 해야 한다. 넷째, 일정기간 마다 수정하도록 해야 한다. 예로서 계획기간이 20년인 도시기본계획은 처음부터 문제점을 내포하고 있다. 그래서 대부분의 응답자들은 10년 전후가 적합하다 라고 응답했다. 또 도시계획(재정비)이나 상세계획도 10년이 적당한 것으로 생각되며, 필요하면 일정기간(예 5년 정도)마다 수정해야 한다.

Ⅳ. 결 론

본 연구의 으뜸되는 목적은 우리의 도시계획수립상의 문제점들을 분석하고 개선방안을 제시하는데 있다. 이를 분석하고 제안하는 도구로서 전략계획의 이론들을 원용하였다. 특히 전략계획의 특성을 원용해서 도시계획수립상의 문제점들과 개선방향을 제시해 보았다. 그런데 분야별의 개선방향은 도시계획수립상의 문제점에 대해 개별적으로 제시하는 것이기 때문에 지면관계상 개선방향에 대해서만 요약하고자 한다.

먼저 참여의 확대이다. 이를 위해서는 단체장이 적극적으로 관심을 가져야 하며, 계획수립의 의무와 권한에 대해서도 구체적으로 명시해야 한다. 계획수립은 계획팀이 주도하면서 자문위원과 공무원과 상의해야 한다. 계획팀의 명단과 역할 및 진행과정도 상세하게 기록되어야 한다. 지방의회는 의견청취 뿐만 아니라 자문이나 승인의 권한도 가져야 한다. 각종 위원회, 특히 자문위원회나 과업팀을 적극 활용해야 하며, 제도화해야 한다. 공청회는 더 많이 개최해야 하며, 진행도 치밀해야 하며, 도시계획(재정비)시에도 공청회를 개최해야 한다.

둘째, 환경의 탐색이다. 이를 위해서는 관련 법규나 상위 및 관련 계획의 의도와 내용을 잘 파악해서 개별 도시계획이나 정책에 반영해야 한다. 경제흐름과 상황변화와 기술변화의 흐름을 잘 인지하고 예측해서 각 부문계획에 잘 적용되도록 해야 한다. 인구의 변화를 객관적으로 예측해야 하며, 관련되는 조사와 연구들도 잘 활용해야 한다.

셋째, 이슈의 선정이다. 이슈는 논란꺼리가 적고 명료한 것을 선정해야 하며, 분명하고 공감이 가는 용어로 기술되어야 한다. 이슈는 정책결정자가 결정해야 하며, 스태프나 계획팀은 보조자가 되어야 한다. 특히 단체장이 관심을 가지고 주요 이슈를 선정해야 한다. 이슈는 해결되어야 할 방법에 유용한 단서를 제공하며, 유용한 긴장을 조성하기에 이슈선정에 신중을 기해야 한다.

넷째, 전략의 수립이다. 소수의 부문계획에 한정해야 하며, 전략적 사고와 경쟁을 추구해야 하며, 지역의 실정에 맞아야 한다. 합의나 동의에 바탕을 두고서 전략을 수립해야 하며, 전략 상호간에 연결이 되도록 해야 한다. 전략의 평가기준에 적합해야 하며, 전략 간에 계층성을 이루어서 목표와 수단 간의 연결고리를 형성해야 한다.

다섯째, 행동과 집행지향성이다. 지면계획이 되지 않도록 6하 원칙에 따라 행동계획을 수립해야 하며, 자원을 결정적 이슈나 전략에 집중적으로 배분해야 한다. 광의의 계획과정으로 계획을 수립해야 하며, 예산순환 내지 중기재정계획과 연계시켜야 한다. 그리고 사회간접자본이나 도시계획의 집행을 위해 건전한 민간자본을 적극 유치해야 한다.

끝으로 점검과 수정이다. 이를 위해서는 세부적인 점검체계의 도입이 필요하며, 사전에 재원을 확보해야 하며, 일정기간 마다 수정해야 한다.

제4장 기초생활권계획수립상의 문제점과 개선방안*
- 전략계획의 관점에서 -

1. 서 론

국가균형발전특별법에 의해 전국의 163개 시·군은 2010년 2월에 기초생활권 발전계획을 확정하고 그 계획서를 관계기관에 제출하였다. 이에 따라 광역자치단체는 관할 시·군이 수립한 발전계획서를 1차로 평가해서 97개 시·군 기초생활권계획서의 평가결과와 평가의견서를 행정안전부에 제출하였다. 행정안전부와 지역발전위원회는 중앙평가위원회의 주도로 각종의 평가항목과 기준에 따라 2010년 3월에 2차 평가를 실시하였다. 이를 근거로 2010년 4월에 우수계획을 수립한 20개 시·군을 선정하였다. 필자는 중앙평가위원으로 2차 평가에 참여하였는데, 이 때 느낀 소감과 경험이 이 연구를 하게 된 동기 내지 배경이 된다.

본 연구의 목적은 먼저 이명박 정부의 지역개발정책의 변화를 고찰하고자 한다. 기존의 균형과 혁신의 지역개발정책에서 경쟁과 균형을 강조하는 국토계획의 패러다임의 변화의 흐름을 살펴보고자 한다. 둘째, 기초생활권계획을 이론적으로 고찰해서 그 성격, 필요성, 추진전략, 주요 내용, 주요 특성 등을 분석해 보고자 한다. 셋째, 기초생활권계획수립상의 문제점들을 분석하고자 한다. 분석

---

* 본 장은 한국지역개발학회, 2010.「한국지역개발학회지」, 제22권 제3호, 에 게재한 논문임.

의 틀은 기존의 계획이론과 전략계획이론의 주요 절차와 특성에 따라 선정한 평가항목에 따라 분석하며, 이에 따라 계획수립상의 현황이나 문제점과 과제 등을 파악하고자 한다. 넷째, 분석된 문제점에 대해서는 전략계획이론의 절차와 특성 등을 원용하여 계획수립상의 개선방안을 제안하는데 가장 큰 연구목적이 있다.

본 연구의 범위와 방법으로는 전국의 163 시·군의 기초생활권 계획서를 대상한 문헌연구이며, 이 가운데 우수한 20개 시·군 보고서가 분석대상이다. 특히 각 시·도별로 1개씩 임의로 선정한 7개 시·군의 우수 계획서를 집중적으로 분석하였다. 분석의 틀로는 전략계획의 특성인 단체장의 관심, 참여의 확대, 환경의 탐색, 비전 제시, 이슈의 선정, 전략의 수립, 효율적 집행, 평가와 수정 등과 중앙평가위원회의 주요 평가지표인 5개 부문인 계획수립절차, 내용의 충실성, 연계 및 협력성, 실효성 및 기대효과, 가점 등을 상호 연결시켜 그 의미가 중복되는 12개의 평가항목을 임의적으로 선정하였다. 이렇게 만든 12개 평가항목에 7개 시·군의 보고서의 실태와 문제점을 실증적으로 분석하였다. 그리고 이렇게 분석된 문제점에 대해 전략계획의 각 분야별 이론을 원용하여 기초생활권계획 수립상의 개선방안을 제시하였다.

2. 기초생활권계획에 대한 이론적 고찰

이명박 정부의 지역발전정책의 패러다임은 균형-혁신-분산에서 상생-경쟁-분권으로 전환되었으며, 비전으로는 일자리와 삶의 질이 보장되는 경쟁력 있는 지역창조이다. 이의 기본방향으로는 광역경제권 구축, 특성화된 지역발전, 지방분권-자율, 지역간 협력-상생 등이다. 그리고 지역발전정책의 추진전략으로는 (1)전국토의 성장잠재력 극대화, (2)신성장동력 발굴 및 지역특화발전, (3)중앙권한 지방이양 등 분권강화, (4)수도권-지방의 동반-상생발전, (5)기존시책의 발전-보완 등 5개이다.[51)]

전국토의 성장잠재력을 극대화할 수 있도록 3차원적 국토개발로 (1)초광역권 개발, (2)5+2광역경제권의 경쟁력 강화, (3)163개 시·군의 지역개발로 삶의 질 개선을 추진한다. 첫째, 초광역벨트는 (1)남해안선벨트, (2)서해안신산업벨트, (3)동해안에너지-관광벨트,(4)남북교류접경벨트, (5)내륙특화벨트 등 5개의 권역을 설정하였다. 또 초광역개발의 기본방향과 추진전략 및 각 권역별의 비전과 개발방향, 추진체계 및 사업방식 등을 제시하고 있다. 둘째, 광역경제권으로는 수도권, 충청권, 호남권, 동남권, 대경권 및 강원권과 제주권 등 5+2개 이다. 아울러 각 광역경제권별로 비전과 발전전략과 선도프로젝트를 제시하고 있다.[52)] 셋째, 163개 기초생활권계획은 전국 어느 시·군에 살든지 주민의 기본적 삶의 질 보장을 비전으로 제시하였다. 그리고 추진전략으로 (1)특성화-차별화된 개발, (2)삶의 질-소득제고, (3)차등적인 생활기반 확충, (4)연계-협력활성화 등을 제시하였다.

이상과 같이 국토계획의 3단계의 구조 속에 가장 기본적이고 실제적이며 하위적인 성격을 띠는 기초생활권계획의 의의와 특성 등을 보다 구체적으로 논의해 보면 아래와 같다.

1) 기초생활권의 성격

기초생활권은 "사람들이 살아가는 데 필요한 서비스, 일자리, 환경 등 기본적 필요(basic needs)를 충족시킬 수 있는 최소 공간단위"

---

51) 지역발전위원회, 「2008 이명박 정부 지역발전정책 연차보고서」, 2008, pp.15-29.

52) 「전게서」, p. 34

라고 정의하고 있으며, 행정적 편의를 위해 전국의 163개의 시·군을 기초생활권으로 설정하고 있다. 즉, 시·군별 특성화와 주민생활공간의 재창출을 위하여 관할 행정구역을 공간적 범위로 계획하고 있다. 이렇게 볼 때 기초생활권은 국토계획상 하위의 공적인 계획단위이며, 기초자치단체가 관할하는 배타적 행정구역이다. 그러나 이러한 시·군단위의 생활권 설정은 기존의 기본욕구의 충족을 목적으로 하는 상향적 개발방식인 기본욕구 전략상의 공간단위하고는 차이가 있다. 왜냐하면 기본욕구 전략상의 계획단위는 정주성과 생활권에 기반을 둔 공간단위이기 때문에 반드시 행정구역이나 시·군의 관할구역과 반드시 일치할 필요는 없기 때문이다. 이렇게 볼 때 기초생활권계획상의 기초생활권은 기초자치단체가 계획주체가 되는 공적인 계획단위이며, 개발단위이며, 법적인 행정구역으로 간주된다.

2) 기초생활권계획의 필요성

계획의 필요성으로는 (1)전국적으로 중앙과 지방, 대도시와 중소도시, 도시와 농촌이 균형발전을 추구해야 한다는 당위성이다. (2)삶의 공간으로 기초생활권의 삶의 질의 향상이 필요하며, 아울러 기초 수요의 적절한 공급이 필요하다는 것이다. (3)인구의 절반 이상(약 54%)을 차지하면서도 개발혜택에서 소외되어 있으며, 대부분의 시·군의 성장발전의 동력이 정체되어 있기 때문이다. (4)광역경제권의 활력과 통합을 위해서는 구성단위인 시·군의 건전한 발전과 자구적인 노력이 있어야 할 것 등이다.

3) 기초생활권계획의 비전과 추진전략

비전으로는 전국 어느 시·군에 살든지 주민의 기본적 삶의 보장이다.

추진전략으로는 (1)유형별 특성화-차별화 전략인데, 도시형, 도농연계형, 농산어촌형으로 유형화하며, 시·군은 지역실정에 맞는 유형을 자율적으로 선택하여 특성화-차별화된 개발을 추진한다. (2)소득증대와 삶의 질 개선을 도모한다. 하드웨어 위주 개발을 탈피해서 소프트웨어 위주의 개발을 추구하며, 지역특화-향토산업의 육성을 통한 소득 및 일자리를 창출한다. (3)차등적 생활기반 확충의 전략이다. 농산어촌 및 지방 중소도시 등의 정주-주거기반을 확충하여 전국 어디든지 최소한의 생활수준을 보장하며, 낙후도가 심한지역을 성장촉진지역으로, 접경지역과 도서 등을 특수상황지역으로 선정하여 차등적으로 지원한다. (4)지역간 연계-협력의 활성화이다. 시·군간 협력 촉진을 위해 기초생활권 계획의 공동 수립을 추진하고, 협력모범사례에 대해서는 인센티브를 제공하며, 사업 분야별로 지역간 연계-협력 촉진으로 개발시너지 효과를 극대화한다.[53)]

4) 기초생활권계획의 주요 내용

기초생활권계획의 주요 내용으로는 (1)지역개발계정 210개 기초생활권 관련 단위사업을 7개 부문, 24개 포괄사업군을 포함한다. (2)6개의 기능별 부문은 문화-관광-체육<5개 사업군>, 농림-수산<5개 사업군>, 산업-경제<2개 사업군>, 보건-복지-교육<1개 사업군>, 환경<2개 사업군>, 수자원-교통<4개 사업군> 등 19개 사업군과, 지역별 부문으로 기초생활기반확충<5개 사업군> 등 7개 부문<총 24개 사업군>이 포괄보조금 사업이다. 즉, 19개 사업군은 시·도자율편성이며, 기초생활기반확충의 5개 사업군은 시·군·구의 자율편

53) 지역발전위원회 외, 「기초생활권 발전계획 수립 매뉴얼」, 2009, pp.5-14.

성사업이다. (3)사전자율, 사후책임이다. 중앙정부는 사전에 가이드라인을 제시하고 사후 추진실적을 평가한다. 사업의 추진실적에 대한 평가를 토대로 차년도에 재원한도의 일부를 시·도별 인센티브 형태로 조정-반영한다. (4)사전에 기초생활권 계획수립의 매뉴얼 제공, 계획의 목차(안), 지역설명회, 교육, 컨설팅 등을 제공한다.

5) 기초생활권계획의 집행 지향성

계획기간이 5년인 중기계획이다. 단독사업과 협력사업 모두 전담기구를 설치해야 하며, 발전위원회나 추진기획단 등이 이에 해당한다. 투자 및 재원조달계획에 있어서도 (1)사업총괄은 계획기간 동안 시·군이 추진하고자 하는 단독/협력사업, 사업총괄 투자총액의 연도별 투자 및 재원조달 계획을 제시해야 한다. (2)단독사업/협력사업에 있어서도 계획기간 동안 시·군이 추진하고자 하는 단독/협력사업의 투자비, 재원조달 총액의 연도별 투자 및 재원조달 계획을 제시해야 한다.[54]

6) 기초생활권계획의 주요 특성

기초생활권계획의 주요 특성으로 (1)국가균형발전특별법에 의한 법정 자율계획이지만 피할 수 없는 의무계획이다. (2)전략적 종합계획의 성격을 띤다. (3)5년 단위의 중기적 투자계획이다. (4)시·군간 공동 협력계획이다. (5)시·군이 자체적으로 자율적 의사와 구상으로 계획을 수립한다. (6)포괄보조금제도의 전면적인 도입이다. (7)성과평가와 인센티브체제의 강화 등이다.

---

54) 지역발전위원회 외, 「'09 기초생활권 발전계획수립 교육 및 컨설팅 워크숍」, 2009.

3. 기초생활권 계획수립상의 문제점

163개의 기초자치단체는 2009년도에 사전준비를 거쳐 2010년 2월에 기초생활권계획서를 관할 광역자치단체에 제출하였다. 관할 광역자치단체는 1차로 심사평가를 하여 97개 시·군을 선정하였다. 2차로 2010년 3월에 지역발전위원회와 행정안전부 주관으로 97개 시·군의 기초생활권 계획보고서를 종합평가하였다.

중앙평가위원회에서의 세부평가지표로는 (1)계획수립절차: 50점(계획수립 TF 구성 및 운영: 40점, 주민의견 수립 및 반영: 10점), (2)내용의 충실성: 50점(목표설정의 적절성: 10점, 계획내용의 부합성: 20점, 신규사업 발굴 및 실효성: 10점, 지역특화성: 10점), (3)연계 및 협력성: 50점(협력사업 실현가능성: 20점, 협력사업 이행정도: 20점, 추진기반 구축: 10점), (4)실효성 및 기대효과: 20점(재원조달 및 배분: 10점, 계획의 기대효과: 10점), (5)가점: 30점(창의성: 10점, 연계성: 10점, 노력도: 10점) 등의 세부내용에 따라 평점을 부여하여 총점 200점으로 평가하였다. 최종평가의 결과로 4개의 대상 시·군, 6개의 최우수 시·군, 10개의 우수 시·군 등 20개 시·군이 선정되었다.

그런데 필자는 기초생활권계획서를 우회적으로 분석하기 위해 기존의 종합계획의 접근보다는 전략계획의 이론을 원용하고자 한다. 기존의 종합계획은 기본적으로 체제이론에 바탕을 두면서 사회와 도시를 유기체적 전체로 본다. 그래서 상호의존성을 중시하며 일반성과 완전성을 강조한다. 계획과정도 합리적 의사결정을 강조하며, 장기성과 종합성을 속성으로 한다. 그러나 내용적으로는 제한된 물적 계획과 기능계획, 기술적 수단을 모색하는데 한정하며, 행태적으로는 가치중립적이다. 이와 대비되는 전략계획은 절차는 체계적 과정이지만, 경쟁과 정치화된 상황을 인정하며, 참여와 리더십을 중시하며, 자원의 획득과 배분을 유도하고, 우선순위를 선택하도록 하며, 결정적인 이슈와 전략을 선정하도록 하며, 행동과 집행, 점검과 수정을 강조하는 등의 측면에서 차이가 난다.[55)]

그리고 전략계획의 일반적 과정은 (1)전략계획과정의 합의, (2)조직의 의무와 임무의 명료화, (3)환경의 탐색(SWOT의 식별), (4)비전의 설정, (5)이슈의 식별, (6)전략의 형성과 계획안의 채택, (7)전략과 계획안의 집행, (8)평가와 수정 등이며, 각 단계마다 통합되며 연속되며, 전 과정이 순환적이다.[56)] 특히 전략계획은 계획과정에 여러 분야의 이해관계자의 참여를 요구하며, 환경탐색을 통하여 외부의 기회와 위협을 내부적으로는 장점과 단점을 분석할 것을 강조한다. 핵심적 이슈의 선정과 전략적인 전략의 수립을 요구한다. 이에 따라 행동과 집행지향성을 강조하며 평가와 수정도 요구한다. 더욱이 전략계획의 성공을 위해서는 조직의 핵심리더의 관여와 참여를 강조한다. 이처럼 전략계획의 특성 내지 주요한 절차는 참여

55) 종합계획과 전략계획과의 차이는 계획과정, 계획기간, 종합성, 형태, 의사결정의 방법, 계획가의 위상, 경향추계, 비전제시, 행동지향 등에 있어 서로 대비된다. 안태환, “종합계획과 전략계획과의 비교분석”, 「사회과학연구」, 제6집 제3호, 대구대학교, 1999, pp. 139-161.

56) 전략계획의 과정은 학자에 따라 약간의 차이는 있다. Bryson & Alston은 ①전략계획과정에 대한 시도와 합의, ②조직의 의무의 명료화, ③이해관계자의 파악, ④임무의 명료화, ⑤환경의 탐색, ⑥전략적 이슈의 파악, ⑦이슈를 관리하기 위한 전략의 형성, ⑧전략계획안의 검토와 채택, ⑨조직비전의 설정, ⑩효율적인 집행, ⑪전략과 전략계획과정의 재평가 등을 제시하였다. 이와 유사한 전략계획과정으로 Allison & Kaye는 ①준비단계, ②임무-비전-가치의 정교화, ③상황의 분석, ④우선순위의 설정, ⑤계획안의 작성, ⑥계획안의 집행, ⑦계획안의 평가와 점검 등을 제시하였다.

확대, 환경의 탐색, 비전제시, 이슈의 선정, 전략의 수립, 효율적 집행, 평가와 수정 등이다.

그런데 2차 평가의 중앙평가위원회의 주요 평가지표는 5개 부문, 14개 지표로 구성되었으며, 5개 부문은 계획수립절차, 내용의 충실성, 연계 및 협력성, 실효성 및 기대효과, 가점 등 이었다. 이러한 중앙평가위원회의 평가지표와 평가내용을 전략계획의 주요 특성과 대비하였으며, 그 의미가 약간 차이가 있을 수 있지만 상호 연결되도록 시도하였다. 이에 따라 아래와 같이 12개의 분석항목을 선정하였다.

그리고 기초생활권계획의 수립상의 실태와 문제점들을 분석하기 위하여 임의로 4개의 대상 시 · 군 가운데 2개. 6개 최우수 시 · 군 가운데 2개, 10개 우수 시 · 군 가운데 3개의 계획보고서를 선정하였다. 아울러 가능하면 각 시 · 도에서 1개의 시 · 군이 선정되도록 유의하였다. 연구를 위해 임의로 선정한 7개 시 · 군은 전북의 고창군, 경북의 영주시 · 봉화군, 충남의 예산군, 전남의 담양군, 강원의 고성군, 충북의 청주시, 경남의 하동군 등이다. 7개 시 · 군의 계획서를 앞에서 선정한 항목의 평가지표와 세부내용을 중심으로 정성적 내지 정량적으로 분석하여 문제점과 특성 등을 도출하고자 하였다. 각 항목별로 분석한 주요한 문제점을 기술하면 아래와 같다.

1) 시장 · 군수의 관심[57)]

57) 전략계획은 리더나 관리자가 전략적으로 사고하고 행동하도록 도와주는 개념이나 과정이나 도구의 집합이며, 리더십이나 관리의 수단이다. 따라서 리더는 맥락을 이해해야 하며, 과정을 후원하고 주도하고 조정해야 하며, 대화와 토론을 활용해야 하며, 규범을 강화하고 갈등을 조정해야 하며 결정하고 집행해야 한다. 즉 전략계획이나 일반적 계획에 있어 핵심적 리더나 단체장의 역할과 관여가 무엇보다도 중요하기에 가장 먼저 분석하였다.

대부분의 기초자치단체에서는 부시장이나 부군수가 TF팀의 단장, 추진기획단장, 실무추진단장의 지위와 역할을 수행하였다. 이에 반해 단체장은 계획수립의 기구에 소속되어 있지 않으며, 특별한 경우 지역발전위원의 위원장은 맡고 있었다. 이는 조직의 최고 지도자가 맡기보다는 바로 하위의 책임자가 업무를 추진하고 책임지는 것이 바람직하다는 우리의 조직문화의 관행이라 생각된다.

그러나 시장이나 군수는 보고나 결재, 회의나 행사를 통하여 기초생활권계획 수립에 많은 관심을 가졌을 것이며, 많은 의견과 방향을 제시했을 것이다.

<표-1> 시장 · 군수의 관심도

시 · 군 계획서	주 요 내 용
P1	부군수가 TF팀 단장, 발전협의회, 자문위원회 구성 및 운영
P2	2개 자치구의 시장과 군수가 공동합의문 서명, 부시장과 부군수 기획단의 공동단장, 자문위원회, 지역발전협의회 구성 운영
P3	부군수가 추진기획단장, 지역발전협의회 운영, 지역협력단 구성 운영
P4	부군수가 TF팀을 총괄, 자문위원회, 지역발전협의회 자문
P5	부군수가 TF팀 단장, 지역발전위원회(심의, 자문), 이해관계자(의회, 전문가, 민간대표, 군 · 경) 참여
P6	부시장이 추진단의 단장, 추진위원회(공무원, 의회, 주민대표, 전문가, 기업, NGO)의 적극적 참여
P7	군수가 발전위원회 위원장, 부군수가 TF팀의 단장, 자문위원회 운영

2) 전담 TF팀 구성의 운영과 이해관계자의 참여정도[58]

58) 전략계획의 성공여부는 이해관계자의 만족에 좌우된다. 따라서 계획과정에 주민과 많은 이해관계자들의 다양한 참여를 우선적으로 강조한다. 즉 전략계획은 합리적 계획모형이라기 보다는 정치적 의사결정모형이라 할 수 있다. 그리고 계획팀도 단순히 기술자 수준을

대부분의 시·군에서는 계획수립주체로 공무원을 중심으로 TF팀을 구성하였으며, 부시장이나 부군수가 단장이었다. 대체로 TF팀은 업무성격에 따라 총괄기획팀, 부문계획팀, 집행계획팀 및 세부사업팀 등으로 구성되어 있다. 추진과정에 있어 TF팀의 전체회의와 세부팀별 회의를 자주 한 것으로 되어 있다. 그러나 구체적인 일시, 장소, 회의 내용 등은 상세하게 기록되지 않는 경우가 많았다.

그리고 자문위원회, 발전위원회, 추진위원회 등에 많은 이해관계자(stakeholder)가 참여한 것으로 되어 있다. 시·군에 따라 약간의 차이는 있지만, 대체로 지방의회, 지역교수, 연구원, 주민대표, 유관기관, NGO 등이 관여하고 있지만, 대부분의 경우 구체적인 역할분담과 활동내용은 상세하게 기록되어 있지 않다.

<표-2> TF팀 구성의 운영과 이해관계자의 참여정도

시·군 계획서	주 요 내 용
P1	TF팀(55명의 공무원으로)구성, 자문위원회(7인), 발전협의회(공무원, 지방의원, 학계, 연구원, 지역단체대표 등 26명)구성
P2	추진기획단(단장, 민간위원, 의회의원, 공무원), 자문위원(7명), 지역협의회 구성, 수립절차에 대해 그 내용, 일시, 장소 등을 구체적으로 적시함
P3	TF팀(공무원, 교수, 연구기관, 주민)구성, 추진경과 등을 상세하게 기록함
P4	TF팀(7개 부문 22명), 자문위원회(지역경제인, 체육인, NGO대표 등) 구성, 회의 및 운영내용에 대해서는 기록이 미비함
P5	TF팀(8개 부문 36명), 발전위원회(행정, 의회, 전문가, 민간, 군경 5개 분과 28명)구성, 추진일정, 내용 등이 상세하지 못함
P6	추진단구성, 추진위원회(공무원, 주민대표, 전문가, 유관기관, NGO)의 조직표는 작성되어 있음
P7	추진기획단(공무원 중심)구성, 발전위원회(군수, 부군수, 자문위원)구성, 업무협의의 일정은 단순하게 기록함

뛰어 넘어 주민수요를 파악하고 갈등을 조정하고 합의형성을 주도할 것을 강조한다.

3) 주민수요조사, 내실화 자체교육 실적

대부분의 시·군에서는 주민수요조사를 1-2회에 실시했으며 지역발전에 대한 주민들의 수요와 요구를 파악하였다. 주로 조사한 영역으로는 정주여건, 정주의식, 지역이미지, 발전잠재력, 생활권계획, 부문별 우선사업, 추진과제 등이다. 주민대표를 대상으로 설명회를 개최하거나 주민의견을 접수함으로서 참여를 유도하고 있다. 그리고 공무원을 대상으로 1-2회 정도 외부의 연구원이나 전문가를 초청하여 기초생활권계획 전반에 대해 교육이나 컨설팅을 실시했으며, 대부분의 TF팀은 여러 차례 자체교육이나 워크숍을 실시했다.

그러나 이러한 자체교육이나 워크숍의 일시, 장소, 내용 등에 대해서는 구체적으로 기록되어 있지 않다.

<표-3> 주민수요조사, 내실화 자체교육 실적

시·군 계획서	주 요 내 용
P1	2회의 주민설문조사, 2회의 실무교육 및 워크숍 개최, 2회의 실무공무원에 대한 설명회 개최
P2	실무자에게 자체실무교육, 주민수요조사실시, 주민설명회, 실무위원회 합동워크숍 실시
P3	주민수요조사, 자체교육, 지역혁신포럼, 주민설명회 실시
P4	주민수요조사, 자문위원의 자문, 협력사업의 의견조회 및 협의
P5	주민수요조사, 3회 TF팀 워크숍, 주민설명회, 주민의견서 접수
P6	주민의식조사, 주민참여유도, 2회 컨설팅
P7	2회 주민설문조사, 2회 컨설팅, 자문위원의 자문

4) SWOT분석과 연관된 계획과제 도출

SWOT분석을 잠재력 분석으로 간주하고 있으며, 거의 대부분의 시·군에서 실시하였다. 분석영역은 7개 부문에 따라, 또는 종합적 부문에 따라 실시하기도 했지만, 대부분의 경우 자의적으로 행하였다.

시·군에 따라 장점의 극대화와 기회의 활용, 약점의 보완과 위협의 극복을 제시하거나, 4개의 분야를 조합해서 분석하기도 했다. SWOT분석에 따라 대부분의 시·군에서는 이와 연계된 계획과제를 도출하였다. 그러나 소수의 자치단체는 현황분석에만 한정하는 경우도 있었다.

<표-4> SWOT분석과 연관된 과제도출

시·군 계획서	주 요 내 용
P1	SWOT 분석양호, SWOT 상호간 조합분석, 이에 근거한 계획과제 도출함
P2	SWOT 분석양호, 이에 근거한 계획과제 도출함
P3	SWOT분석함. SWOT 상호조합분석, 이와 연계된 계획과제 도출함
P4	SWOT 분석함. 연계된 계획과제 제시함
P5	SWOT 분석함. 연계된 계획과제 도출함
P6	SWOT 분석양호, 잠재력분석과 비전과 목표를 제시함
P7	SWOT 분석함, 부문별 과제를 제시함

5) 관련계획과의 연계정도

대부분의 시·군에서는 상위계획인 제4차 국토종합계획 수정계획, 초광역개발권 계획, 권역별 부문계획, 도종합계획 등과 잘 연계시키고 있으며, 여러 차례 수립한 내부계획인 시·군종합계획, 부문별 계획의 기본방향, 계획목표, 추진전략 등 핵심내용을 잘 분석하여 수용하고 있다. 즉, 기초생활권계획이 기존의 시·군종합계획과 유사한 성격을 띠고 있기에 기존의 관련계획의 개발과제와 추진전략을 대부분 수용해서 계획을 수립하였다.

그러나 이러한 관련계획이 보전이나 관리보다는 과도한 개발이나 성장을 추구해 왔으며, 행동계획이라기 보다는 청사진적 지면계획이라는 비판을 받아 왔다. 따라서 관련계획의 핵심내용을 그대로 수용하는 것은 바람직하지 못하다.

<표-5> 관련계획과의 연계성

시·군 계획서	주 요 내 용
P1	6개의 관련계획을 검토함. 이를 기반으로 개발방향과 생활권별 개발방향을 모색함
P2	상위의 관련계획, 기존 시·군 계획을 검토, 이에 따라 추진전략과 공간구상을 모색함
P3	상위계획(국가계획, 도계획)과 기존 시·군 계획의 핵심내용을 분석함
P4	상위계획과 기존 시·군 계획의 핵심내용을 간결하게 분석함
P5	상위계획과 기존 시·군 계획을 검토함. 관련계획의 검토로 계획과제를 도출함
P6	상위계획, 기존 시·군의 관련계획을 분석함. 이를 기반으로 추진방향과 추진전략을 적극적으로 모색함
P7	상위계획, 광역권계획, 기존 시·군 계획의 주요 내용을 분석함. 이를 근거로 개발과제를 모색함

6) 비전, 목표의 적절성(내용의 충실성)

대부분의 시·군에서 1개의 슬로건을 제시하고 있으며, 슬로건을 발전비전으로 간주하고 있다. 그리고 3-5개의 간결한 발전목표를 제시하고 있다.

그런데 슬로건이란 주의 주장 따위를 간결하게 나타낸 짧은 어구. 즉 강령, 구호, 모토, 표어로 순화. 또는 대중의 행동을 조작하는 선전에 쓰이는 짧은 문구이다.[59] 그러나 비전이란 "내다보이는 장래의 상황, 앞날에 대한 전망", 또는 "미래에 대한 구상, 미래상"으로 어의적으로 정의하고 있다. 일반적으로 비전이란 조직이 성공적으로 전략을 집행하고 이의 완전한 잠재성을 성취한 후에 조직이 어떠해야 하는 가에 대한 기술로 정의한다. 비전의 진술에는 조직의 임무, 기본철학, 핵심가치, 기본전략, 성과기준, 의사결정법칙, 윤리적 표준 등이 포함되어야 한다. 그래서 비전은 조직과 구성원에게 동기와 가이드를 제공한다.[60] 이렇게 볼 때 비전은 단순히 구호나 짧은 문구뿐만 아니라 더 포괄적인 의미를 내포하고 있다.

이처럼 대부분의 시·군에서는 비전을 슬로건과 혼동하고 있으며, 정확한 발전비전의 제시가 적절하지 못하다.

---

59) 슬로건이란 조직의 아주 짧은 임무의 진술이어서 모토(motto) 또는 표어(tag line), 캐치프레이즈 등이다. 슬로건은 너무나 간결하고 강력하기 때문에 조직의 임무나 비전, 목표와 대체될 수는 없다. Michael Allison and Jude Kaye, 「Strategic Planning for Nonprofit Organizations」2ed., John Wiley & Sons, Inc., 2005. pp. 96-97.

60) 비전은 조직의 방향, 목표를 제시한다. 성공의 비전은 영감적이며, 널리 배포되고 논의되어야 한다. 성공의 비전의 진술에는 조직의 임무, 기본 철학, 핵심가치, 목표, 기본전략, 성과기준, 의사결정의 방법, 윤리적 기준 등이 포함되어야 한다. 성공의 비전은 전략의 집행에 가이드의 역할을 한다. John M. Bryson and Farnum K. Alston, 「Creating and Implementing Your Strategic Plan」2nd ed., Jossey-Bass, 2005. pp. 115-116.

<표-6> 비전, 목표의 적절성

시 · 군 계획서	주 요 내 용
P1	선행분석의 시사점, 기본방향 설정에 기반을 둔 비전제시가 양호함. 4개의 발전목표를 제시함
P2	비전수립의 원칙에 따라 발전비전과 슬로건을 제시함. 3개의 전략목표를 간결하게 제시함
P3	4개의 기본방향에 기반을 둔 장기비전을 설정했으며, 3개의 비전, 5개의 발전목표를 제시함
P4	1개의 슬로건의 발전비전, 4개의 발전목표를 간결하게 제시함
P5	1개의 슬로건의 비전, 4개의 발전목표를 제시함
P6	다양한 의견수렴과 종합적 검토로 발전비전제시, 주민조사에 기반을 둔 5개의 목표를 제시함
P7	1개의 발전비전, 3개의 발전목표를 간략하게 제시함

7) 조사결과 주민의견을 반영하기 위한 노력도(주민의견 수립 및 반영도)

주민의견조사의 분석은 양호하다. 통계적인 처리나 부문별 과제, 발전방향의 분석, 시사점의 제시 등은 정도의 차이는 있지만 대체로 양호하다. 이제는 대부분의 시 · 군 계획팀은 여러 가지 기법을 활용하여 현황이나 실태분석, 의견조사나 수요분석은 잘 하고 있다. 즉, 단순한 분석이나 우선순위의 제시는 양호하게 하고 있다. 그런데, 이러한 주민수요분석의 결과를 계획의 기본목표나 이슈, 추진과제 등에 반영되도록 노력해야 한다.

그러나 이러한 시도는 또 하나의 과제이기에 소수의 시 · 군에서만 하고 있다. 즉, 대다수의 시 · 군에서는 하지 않고 있다.

<표-7> 주민의견을 반영하기 위한 노력도

시·군 계획서	주 요 내 용
P1	비전과 미래상이 양호함, 부문별 과제에 대한 수요분석이 양호함, 주민수요분석의 시사점 제시가 양호함
P2	정주여건 및 만족도, 발전잠재력, 수요에 대한 인식도, 우선투자분석 등이 양호함. 분석결과와 계획에의 반영을 추구함
P3	부문별 우선사업의 분석이 양호함, 지역발전방향에 대한 분석이 명료함
P4	개발수요의 부문별 분석이 양호함, 부문별 우선사업의 정리가 양호함
P5	지역의 장애요인과 발전방향의 분석이 양호함, 분야별 우선 고려사항의 분석이 양호함.
P6	시책별 만족도와 선호도 분석이 양호함, 정책분야별 우선순위 분석이 양호함
P7	농어촌 개발수요, 농촌생활환경개선, 농촌관광에 대한 실태조사가 단순함

8) 이슈의 선정(기본적 정책문제)

기초생활권계획은 공간계획이며 지역계획이어서 대부분의 시·군에서는 기본방향, 발전목표, 부문별 추진전략, 공간구상, 생활권별 계획 등을 제시하고 있다.

그런데 이슈란 기본적인 정책문제이며 도전이다. 이슈는 소수의 정책이며 의사결정에 핵심적 역할을 한다. 따라서 이슈는 조직의 권한, 임무, 가치, 이용자, 비용, 재정, 관리 등에 중요한 영향을 끼친다.

이렇게 볼 때 이미 주어진 7-8개의 부문별 과제와 계획이 기본적인 정책영역이기에 주요한 이슈로 간주할 수 있다.

<표-8> 이슈의 선정

시·군 계획서	주 요 내 용
P1	4개의 발전목표 제시, 공간구상의 기본방향, 개발축 구상, 생활권계획의 구상 제시함
P2	7개 부문별 목표, 공간구상 제시함
P3	3대 전략방향과 세부적인 기본방향을 제시함
P4	비전실현을 위한 정책추진의 부문별 목표와 중점 추진전략을 제시함
P5	4대 발전목표와 부문별 추진전략을 제시함
P6	5대 목표와 방향을 제시함
P7	3대 목표와 8개 부문의 추진전략, 생활권별 공간구상 제시함

9) 전략의 선정

대부분의 시·군에서는 7-8개 부문별 추진전략, 전략목표별 세부사업을 제시하고 있다. 일반적으로 전략이란 조직의 현 상태와, 조직이 하고 있는 것과, 왜 해야 하는 가를 규정하는 목적, 정책, 프로그램, 행동, 결정, 자원배분 등의 패턴으로 정의된다. 그리고 전략은 수준에 따라 4개로 나누어지는데, (1)조직 전체의 큰 전략, (2)부서의 하위단위 전략, (3)프로그램, 업무과정전략, (4)재정, 인사, 시설 등의 기능전략 등으로 대별된다.

이렇게 볼 때 기초생활권 계획에서 전략의 제시는 큰 전략보다는 전술적인 프로그램 내지 기능 수준의 전략들을 제시하고 있다.

<표-9> 전략의 선정

시 · 군 계획서	주 요 내 용
P1	부문별 추진전략과 집행계획의 추진전략을 간략하게 제시함
P2	추진전략의 가치지향, 전략기조, 부문별 추진전략, 전략목표별 핵심사업과 세부사업을 제시함
P3	부문별 추진전략과 세부사업, 공간구상제시, 대상사업 선정의 기본방향, 선정절차, 사업선정 기준, 사업선정결과 등을 제시함
P4	7개 부문별 중점추진전략, 공간체계와 발전방향을 제시함
P5	7개 부문별 추진전략, 공간구상을 제시. 사업대상 선정의 접근, 선정기준, 세부사업, 역점사업의 우선순위 결정 등을 제시함
P6	추진전략에 따라 사업발굴요소를 도출. 부문별 주요 추진전략을 분석, 공간구상에 따라 단독사업과 공동협력 사업을 선정함
P7	기본방향에 따라 8개 부문의 추진전략을 선정한 후 세부사업 방향을 제시함

10) 목표 및 전략의 논리성 정도(내용의 충실도)

대부분의 시 · 군에서는 3-5개의 발전목표와 3-6개의 추진전략, 7-8개의 부문별 추진목표 내지 추진전략을 제시하고 있다.

일반적으로 목표(goal)의 의미를 사전에서는 어떤 목적을 이루려고 지향하는 실재적 대상, 또는 행동이 지향하는 문제의 미래 상태에 대한 이미지로 정의하고 있으며, 목적(objective)에 대해서는 어떤 것을 하는 근본적인 이유, 또는 일을 이루려고 하는 목표나 나아가는 방향으로 규정하고 있다. 이렇게 볼 때 목표란 대상 또는 이미지의 성격이, 목적은 이유 또는 방향의 성격이 강하다.[61] 그리

61) 목표(goal)란 조직의 프로그램, 관리적, 재정적 기능을 가이드하는 결과적 진술이다. 그래서 목표에는 2개 이상의 목적을 가지게 된다.

고 전략은 일반적으로 조직의 적극적 임무, 달성되어야 할 목표, 이용 가능한 자원을 사용하는 기본적 방법 등에 대한 진술로 정의한다.

대체로 대부분의 시·군에서는 주민조사와 기본방향의 기반위에 3-5개의 발전목표와 7-8개 부문별 계획에 있어서는 부문별 전략을 제시하고 있으나, 부문별 목표에 있어 그 정확한 이유나 방향의 제시는 미흡하다. 그리고 부문별 전략을 목표와 혼돈하고 있으며, 부문별 전략의 임무, 목표, 방향의 제시도 결여되어 있다.

<표-10> 목표 및 전략의 논리성

시·군 계획서	주 요 내 용
P1	3개의 기본방향, 4개 발전목표, 7개 부문별 추진전략을 연계시켜 제시함
P2	3개의 전략목표, 3대 추진전략, 7개 부문별 추진전략을 연계시켜 제시함
P3	3대 추진과제, 6대 전략, 7개 부문별 추진전략을 제시함
P4	4개의 발전목표, 7개 부문별 목표와 중점 추진전략을 제시함
P5	4개 발전목표, 7개 부문의 추진전략을 제시함
P6	5개 목표, 7개 부문별 추진전략을 연계시켜 제시함
P7	기본방향의 기반 위에 3개 목표, 8개 추진전략을 부문별로 제시함

목표에는 하위목표(subgoal)가 있다. 목적(objective)은 목표성취를 지원하는 상세하고, 측정가능하며, 시간적 측면의 결과이다. 따라서 목적에는 변화의 방향, 변화의 분야, 변화의 정도, 기간 등이 포함된다. Michael Allison and Jude Kaye, 「Strategic Planning for Nonprofit Organizations」 2ed., John Wiley & Sons, Inc., 2005. pp. 237-240.

11) 재원조달의 실현가능성 정도(실효성 및 기대효과)

대부분의 시·군에서는 연도별 총사업비, 부문별 총사업비, 광특회계의 연도별, 부문별 투자사업비 등을 산정하고 있다. 신규사업과 계속사업의 투자비를 국비, 지방비, 민자 등으로 대별하고 있으며, 세부사업의 투자규모와 재원조달, 연차별 투자계획 등을 추정하고 있다. 그리고 중기재정계획의 특성과 일반회계의 세입-세출, 특별회계의 세입-세출 등의 추정치를 제시하고 있다.

그런데 대부분의 시·군의 재정자립도는 매우 낮다. 연도별-부문별 투자재원의 세입추계에 있어서도 자체수입의 비중과 증가율은 낮게 산정하는데 반해, 의존재원수입의 비중과 증가율을 지나치게 높게 추정하고 있다. 아울러 세출추계에 있어서도 사업예산의 규모와 증가율을 지나치게 높게 산정하고 있다. 광역-지역발전특별회계도 매년 10-25% 증가하는 것으로 높게 책정하고 있다. 즉 자체재원의 비중은 낮은데 반해, 의존재원의 증가율과 비중을 지나치게 높게 산정하고 있다. 그리고 민간자본 유치방안도 구체성을 띠지 못하며 이론적 수준의 방안만 제시하고 있다. 특히 적정한 재정규모, 적정한 총사업비 규모, 적정한 국비와 지방비의 구성비율 등에 대한 평가기준이나 평가기법 등이 없다.

<표-11> 재원조달의 실현가능성 정도

시·군 계획서	주 요 내 용
P1	연도별 투자계획(총괄), 부문별 투자비율 제시함, 광특예산의 년도별 총액과 부문별 비율을 추정하여 제시함
P2	총괄, 협력사업, 단독사업(계속, 신규)의 투자규모를 부문별로 추정하여 제시함
P3	연도별, 부문별, 투자재원 배분계획, 중기지방재정의 세입세출의 추정치, 집행의 추진체계 방향을 제시함
P4	연도별 예산규모, 의존재원, 중기 세입전망, 중기재정계획의 특성 등을 제시함
P5	7개 부문별 총사업비, 재원별(국비, 지방비, 민자) 투자사업비 제시함. 광특회계를 부문별, 연차별로 투자사업비를 산정함
P6	재원조달계획을 총괄, 계획사업, 신규사업별로 제시, 각 사업별로 국비, 지방비, 민자 등으로 구분함
P7	재정자립도 열악, 자체노력에 의한 재원확보 방안, 민간자본유치방안을 제시함

12) 사업선정의 지역특성 반영도(내용의 충실성)

대부분 주민수요분석과 SWOT분석에 따라 시사점을 제시하고 있다. 대체로 7-8개 부문별로 대상사업을 제시하고 있으며, 공간구상에 따라 개발축과 생활권별 주요사업을 제시하고 있다. 즉 대상사업으로 주민요구나 지역특성을 반영하고 있다. 그리고 사업선정에 있어 포괄보조금에 적합한 사업, 파급효과가 큰 사업, 연계협력사업, 계획취지에 부합하는 사업, 지역특성과 연계된 사업 등을 선정기준으로 제시하고 있다. 즉, 대부분의 시·군에서도 나름의 기준을 세워 우선사업을 선정하고 있다.

그러나 이러한 사업선정의 기준의 제시는 아직 까지는 선언적 의미가 더 강하다. 앞으로 지역특성의 반영, 각 부문내의 우선사업의 선정, 사업 간의 연계, 분석기법 등 공감이 가는 방안이나 기법의 도입이 요구된다.

<표-12> 사업선정의 지역특성 반영도

시·군 계획서	주 요 내 용
P1	계획과제에 따른 부문별 계획, 개발축에 따른 육성방향, 생활권별 기능과 개발방향을 제시함
P2	3대 전략목표, 5개의 핵심사업과 세부사업을 연계해서 제시함
P3	비전과의 정합성, 계획취지에 부합되는 사업우선선정, 포괄보조금에 적합한 사업 우선선정, 연계협력 및 복합사업 가능성 고려, 파급효과가 큰 사업을 고려함
P4	중점추진전략과 발전목표와 연계해서 사업선정, 공간개발축의 구상에 따라 사업이나 단지조성을 제시함
P5	7개 부문, 24개 사업군, 통합보조율을 고려한 사업선정, 계획목표달성도, 지역개발 파급효과을 고려, 역점사업을 부문별로 우선순위 결정함
P6	부문별 추진전략에 따른 개별사업선정, 공간구상에 따른 공동협력사업과 단독추진사업을 선정
P7	기본방향과 8대 추진전략에 따른 사업방향 제시, 4개의 공간권역별로 주요 사업 제시함

4. 기초생활권계획 수립상의 개선방안

앞에서 기초생활권계획의 이론적 측면과 계획수립상의 문제점들을 살펴보았다. 특히 기초생활권계획은 5년 단위의 중기계획, 자율적 계획, 자체계획, 집행지향적이며, 전략적 종합계획의 성격 등을 가진다고 지적하였다. 따라서 본장에서는 전략계획의 이론과 특성들을 원용하여 기초생활권계획 수립상의 분야별 개선방안들을 고찰해 보고자 한다.

1) 시장 · 군수의 적극적 관심

앞 장의 <표-1>에서 지적한 것처럼 대부분의 시장 · 군수는 계획수립기구에 소속되지는 않았다. 그러나 계획수립 과정에 있어 보고나 결재, 회의나 행사 등을 통하여 영향력을 행사했을 것이며, 의견과 방향 등을 제시했을 것이다.

오늘날 자치단체장의 관심과 능력에 따라 그 지역의 발전과 주민의 생활에는 절대적으로 영향을 끼친다. 이는 자치단체장이 그 지역을 배타적으로 대표하며, 관할구역 내에서 지방행정과 지방정치의 수장으로서 막강한 지위와 권한을 가지기 때문이다.[62)]

오늘날 지방자치단체를 둘러싸고 있는 외부와 내부 환경이 격변하기 때문에 단체장으로 하여금 전략적 리더가 되기를 요구하고 있다. 전략적 리더는 환경의 기회와 위협을 인지하고 창조적 방법으로 대응해야 하며, 조직의 업무에 대한 폭넓은 시야를 가져야 하며, 구조의 개혁과 비전의 제시, 이슈를 선정해야 한다. 즉, 시장 · 군수는 전략적 리더로서 정보와 계획, 실험을 통하여 예상되는 위험에 대처해야 하며, 미래지향적이며, 자원배분과 조직이 나아가야 할 최적의 진로를 결정해야 한다. 특히, 시장 · 군수는 지방재정을 고려하지 않는 개발계획이나 이벤트성의 사업을 추진하기 보다는 우선순위가 높은 소수의 사업을 선택해서 집중하는 전략계획의 방식을 수용해야 한다.

요컨대, 시장 · 군수는 전략적 리더로서 정치적 의사결정과 정책과 프로그램을 실제적으로 개선시켜야 하며, 특히 기초생활권계획수립과 조정과 집행에 절대적인 영향을 끼치기 때문에 적극적으로

---

62) 안태환, "전략계획 특성에 따른 지방자치단체장의 바람직한 역할", 「한국지방자치회보」, 제14권 제4호, 한국지방자치학회, 2002, pp.32-34.

관심을 가져야 한다.

2) 참여의 확대

앞 장의 <표-2>에서 보는 바와 같이 대부분의 시·군에서는 실무 공무원을 중심으로 TF팀을 구성하였으며, 여러 위원회를 구성하여 지방의회, 지역교수, 연구원, 주민대표, 유관기관 등 많은 이해관계자들을 참여시켰다. 그러나 TF팀과 위원회에 대해 조직이나 일정에 대해서는 기록하고 있으나, 회의의 일시, 장소, 내용, 역할분담 등에 대해서는 구체적으로 기록하고 있지 않다. 그리고 <표-3>에서 보는 바와 같이 대부분의 시·군에서는 외부의 연구원이나 전문가를 초빙하여 1-2회 자체교육이나 컨설팅을 실시하였다.

계획수립에 있어 참여는 전담 과업팀이나 각종 위원회의 활동을 강조한다. 과업팀은 특별한 업무를 수행하기 위하여 한시적으로 구성되는데, 대개 15-20명 정도가 적당하며, 실무자뿐만 아니라 고위관리나 정책결정자가 참여하는 것이 바람직하다. 특히 전략계획작성팀은 소위원회로 4-9명이 적당하다.[63] 그리고 위원회에는 운영, 관리, 정책, 자문, 심사, 특별위원회 등이 있다. 위원회는 다양한 분야의 이해관계자가 참여하는 것이 중요하다. 뿐만 아니라 회의도 자주해야 하며, 회의결과도 가능한 공개해야 하며, 적절한 권한을 부여함으로서 운영도 활성화해야 한다.

그 동안 우리의 경우 각종의 개발계획을 외부의 연구기관이나 용역회사에 용역을 주어 수립하는 경우가 대다수 이었다. 그러나 이번의 기초생활권계획을 해당 시·군공무원이 TF팀을 구성해서,

---

63) John M. Bryson and Farnum K. Alston, 「Creating and Implementing Your Strategic Plan」2nd ed., Jossey-Bass, 2005. pp. 65-66.

주도적으로 계획을 수립하였다는 것은 참으로 바람직한 시도이다. 이는 해당 시·군의 공무원이 관할구역의 사정과 현황과 과제와 발전방향 등을 가장 잘 알고 있을 뿐만 아니라 계획의 추진과 집행도 실제로 담당하기 때문이다. 따라서 앞으로 각종 계획을 수립할 경우 실무공무원을 주도적인 계획가(planner)로 반드시 참여시켜야 할 것이다.

그리고 이제는 TF팀이나 각종 위원회의 형식적인 구성보다는 실질적인 참여와 활동과 성과가 요구되며, 객관적으로 수긍할 수 있는 구체적인 활동내용과 증거자료의 제시가 요구된다. 이에 따라 절차의 합리성을 제고할 수 있다. 아울러 전문가나 외부와 내부의 이해관계자들의 실제적 참여를 보장해서 바람직한 의견이 제시되고 수렴이 되도록 해야 한다.

3) 객관적인 환경의 탐색

앞 장의 <표-4>에서 대부분의 시·군에서는 SWOT분석을 실시하였다. 분석영역은 7개 부문에 따라, 또는 종합적 부문에 따라 실시하기도 했지만, 대부분 자의적으로 행하였다. SWOT분석에 따라 이와 연계된 계획과제를 도출하기도 했지만, 소수의 시·군에서는 현황분석에 머무는 경우도 있었다. 즉, SWOT분석이 추구하는 목적, 활용성, 기법, 기준, 핵심개념 등에 있어 이해수준이 낮았으며, 단지 유행처럼 보고서상에 반드시 인용해야 하는 기법으로 인식하는 것 같았다. 그리고 <표-5>에서 본 것처럼 관련계획과의 연계정도에서 대부분의 시·군에서는 상위계획과 관련계획의 기본방향, 계획목표, 추진전략 등 핵심내용을 잘 분석하여 수용하고 있다. 그러나 이러한 관련계획이 과도한 개발이나 성장을 추구해 왔으며, 청사진적 지면계획이라는 비판을 받아 왔다. 따라서 관련계획의 핵심내용을 그대로 수용하는 것은 바람직하지 못하다.

환경의 탐색은 종합계획의 상황의 분석 내지 문제의 진단과 유사하다. 상황의 분석에서는 현재 상황의 주어진 조건들을 면밀히 검토해야 한다. 문제의 진단은 작용하는 바라는 상태에 대한 이미지에 좌우되며, 이러한 이미지는 특별한 목표, 일반적 규범, 기준, 이데올로기, 유토피아적인 견해에 대해 어떤 형태를 제시해야 한다.

그러나 전략계획에서 환경의 탐색은 단순히 현재 상황의 분석보다는 넓게 조직이나 지역사회를 둘러싸고 있는 외부와 내부 환경을 정밀하게 분석할 것을 강조한다. 그 중에 대표적인 것이 SWOT 분석이다. SWOT는 크게 외부와 내부의 탐색으로 나눈다. SWOT의 외부탐색에는 정치 · 경제 · 사회 · 기술(PEST)의 힘과 경향의 파악이 중요하며, 내부탐색에는 자원(투입), 현재전략(과정), 성과(산출) 등을 분석해야 한다. 단체장은 환경의 탐색이 조직과 환경에 양적이고 질적인 통찰력을 제공하기 때문에 특별히 관심을 가져야 한다. 그리고 계획팀은 조직이나 지역사회가 부딪치는 외부요인과 내적으로 안고 있는 내부요인들을 종합적이고 객관적으로 분석하여 기회와 장점은 최대한 살리고, 위협과 단점은 최대한 줄이도록 해야 한다.[64)]

이처럼 SWOT을 시도할 때 계획팀은 정기적으로 집단토의를 통하여 외부와 내부의 환경을 객관적으로 탐색해서 그 문제점과 계획과제들을 도출해서 계획안에 반영하도록 해야 한다.

---

64) John M. Bryson, 「Strategic Planning for Public and Nonprofit Organizations」3ed ed., Jossey-Bass pub., San Francisco, 2004, pp. 130-138.

4) 성공의 비전의 제시

<표-6>에서 살펴 본 것처럼 대부분 시·군에서는 1개의 슬로건을 제시하고 있으며, 슬로건을 발전비전으로 간주하고 있으며, 3-5개의 간결한 발전목표를 제시하고 있다. 그러나 표어적 슬로건이 미래에 대한 구상, 또는 미래상으로 대체될 수는 없다. 즉, 대부분의 시·군에서는 비전을 슬로건과 혼동하고 있으며, 발전비전의 제시가 적절하지 못하다. 그리고 <표-7>에서 보는 바와 같이 대부분의 시·군에서는 현황이나 실태분석, 의견조사나 수요분석은 잘하고 있지만, 이에 기반을 둔 목표나 비전의 제시는 약하다. 아마도 이러한 기본목표나 비전의 제시가 또 하나의 과제이기에 소수의 시·군에서만 하고 있는 것 같다.

비전에는 조직의 의무와 임무, 기본철학, 핵심가치, 목표, 기본전략, 행태, 평가기준, 의사결정의 원칙, 윤리기준 등이 포함되어야 한다. 비전의 표현은 분명하고, 간결하며 인상적이어야 하며, 조직의 존재이유와 사회적 목적을 강조해야 한다. 비전은 기회와 위험을 예상하며, 기획의 중요성을 타인에게 확신시키는 것을 의미하며, 지역사회와 영역 안에서 조직이 적응하는 방법을 이해하고 그 위상을 증진하기 위해 전략화해야 한다.[65] 조직이 전략을 수행하고, 임무를 완수하고, 의무에 대처하고, 공공가치를 창출하는 등을 함으로써 조직이 나타내어야 하는 것을 기술하는 것이 성공의 비전이다. 성공의 비전의 제시로 조직은 활기를 띠며, 사람이나 조직으로부터 지원을 쉽게 받을 수 있다. 분명하고 합리적인 비전은 현재와 바라는 세계와의 유용한 긴장(useful tension)을 조성해서 장애를 극복하고 실현성을 높인다.

---

65) 「전게서」, pp. 234-237.

이렇게 볼 때 우리나라의 모든 시·군은 각기 고유한 역사에 근거한 지역공동체이다. 나름의 존재이유, 의무와 임무, 기본철학, 핵심가치, 목표, 기본전략, 윤리기준, 미래상 등이 있다. 특히 단체장이나 계획팀은 표어적인 슬로건이 아닌 성공의 비전을 제시함으로서 주민의 참여를 유도하고, 유용한 긴장을 조성하며, 장애를 극복하며, 성공적으로 집행하여 바라는 미래로 정진하도록 해야 한다.

5) 전략적 이슈의 선정

앞의 <표-3>에서 대부분의 시·군에서는 주민수요조사를 1-2회에 실시했으며, 주민의견조사의 분석도 양호하다. 그러나 이러한 주민수요분석의 결과를 계획의 기본목표나 이슈, 추진과제 등에 반영하고 있지는 않다. 그리고 <표-8>에서 대부분의 시·군에서는 기본방향, 발전목표, 부문별 추진전략, 공간구상, 생활권별 계획 등을 제시하고 있으며, 이미 주어진 7-8개의 부문별 과제와 계획을 주요 이슈로 제시하고 있으며, 이것 자체를 일종의 이슈로 간주하고 있다.

이슈는 기본적 정책문제이기에 각 시·군에서 특별히 강조해야 하거나 시급하게 해결해야 할 과제들이다. 일반적으로 주요 이슈로는 주택, 기반시설, 환경, 직업, 지역경제, 재정, 공공서비스, 문화 등의 정책과 과제들이다. 이슈는 소수의 정책이며 의사결정에 핵심적 역할을 하며, 조직의 의무, 임무, 가치, 이용자, 비용, 재정, 관리 등에 영향을 끼치는 변화의 도전(change challenge)이다.[66] 그리고 이슈를 선정할 때에는 (1)이슈는 정치적 의사결정에 주요한 역할을 하므로 정책결정자가 결정해야 한다. (2)이슈는 사회적 긴장을 조

66) John M. Bryson and Farnum K. Alston, 「Creating and Implementing Your Strategic Plan」2nd ed., Jossey-Bass, 2005. pp. 85-86.

성하며, 자원동원을 용이하게 하기에 사회적 합의에 따라 선정되어야 한다. (3)모든 부문을 포괄하는 것이 아닌 결정적 이슈에 한정해야 한다. (4)논란거리가 적고 명료한 이슈를 선정해야 한다. (5)많은 시간을 할애하여 참여자 사이에 진정으로 합의한 이슈를 선정해야 하는 것 등이 유의해야 할 사항이다. 이렇게 전략적 이슈를 선정함으로서 단체장이나 지역사회는 이슈를 해결하기 위해 내부적 갈등이나 의구심을 가지지 않고 자원이나 노력을 동원할 수 있다.[67]

이렇게 볼 때, 지역개발계정의 복잡한 210개 기초생활권 관련 단위사업을 7개 정책분야 24개 포괄보조사업으로 통합하고 단순화하는 것은 중점추진과제에 집중하라는 지시적 의미가 있기도 하지만, 지역의 사정이나 특수성을 제한할 수도 있다. 즉, 그 지역에서 다급하고 시급하게 해결해야 하는 정책과 과제를 이슈로 부각시켜서 한다. 그리고 이슈란 바로 해결책을 제시하는 것이 아니기에 지속적이고 단계적으로 해결하는 것이어야 한다. 또 다른 지역과 차별되는 명료하고 결정적이며 전략적이며 우선순위가 높은 이슈이어야 한다. 아울러 이슈를 선정할 때 지역 여론을 수렴해야 하며 지역민의 수요분석에 근거한 이슈를 선정해야 한다. 그리고 지방의회, 이해관계자, 계획팀 등이 충분히 논의하고 합의해서 선정해야 하며, 특히 시장·군수가 공감하고 동의해야 한다.

그 동안 우리의 각종 개발계획들이 지나치게 청사진적 계획이었으며, 모든 부문을 유기체적으로 종합하는 종합계획의 성격을 띠고 있었다. 그러나 이제는 선택과 집중의 원칙아래 210개의 단위사업 가운데 소수의 명료하고 전략적이며 우선순위가 높은 과제를 7개

67) John M. Bryson, 「Strategic Planning for Public and Nonprofit Organizations」 3ed., Jossey-Bass pub., San Francisco, 2004, pp. 153-160.

의 정책분야의 핵심과제로 선정해야 한다. 그리고 주민수요와 시장·군수와 계획팀이 합의하는 사업 내지 전략적 이슈를 계획과제로 선정해야 한다.

6) 전략의 선정

<표-9>에서 보는 바와 같이 대부분의 시·군에서는 7-8개 부문별 추진전략, 공간구상, 세부사업 등을 제시하였다. 그러나 큰 전략보다는 전술적인 프로그램 내지 기능적인 전략을 제시하고 있다. <표-10>에서도 대부분의 시·군에서는 주민조사와 기본방향의 기반 위에 3-5개의 발전목표와 3-6개의 추진전략, 7-8개의 부문별 추진전략을 제시하고 있다. 그러나 대체로 부문별 목표와 전략을 혼돈하고 있으며, 부문별 전략, 임무, 목표, 방향의 제시가 결여되어 있다.

전략은 이슈를 실천하기 위한 것이며, 일반적으로 조직의 현 상태와, 조직이 하고 있는 것과, 왜 해야 하는 가를 규정하는 목적, 정책, 프로그램, 행동, 결정, 자원배분 등의 패턴으로 정의된다.[68] 전략은 수준과 기능과 시간의 틀에 따라 다양하다. 전략은 조직(지역사회)과 환경하고 연결하는 방법이다. 즉 조직이 하는 광의의 포괄적 업무이다. 즉, 전략은 이슈를 다루기 위해 수립되며, 집행에 가이드가 된다.

전략을 선정할 때 유의해야 할 사항으로 (1)소수의 전략적인 전략을 선정해야 한다. (2)지역실정이나 특성을 고려해서 전략을 선정해야 한다. (3)전략은 대안의 범위가 넓을수록 좋으며, 하향적이든 상향적이든 상관없다. (4)전략 간에 계층성을 이루도록 해야 한

---

68) John M. Bryson and Farnum K. Alston, 「Creating and Implementing Your Strategic Plan」2nd ed., Jossey-Bass, 2005. pp. 97-99.

다. 전체적으로 임무와 의무, 상위 전략, 하위 전략, 기능 전략, 구체적인 프로그램, 재정계획, 집행계획 등이 포함되도록 해야 한다. (5)전략은 효율성과 집행에 합리적 가이드가 될 수 있을 정도로 상세해야 한다. (6)전략은 지방행정의 정책이나 사업의 선정과 유사하기에, 긴급하고 우선순위가 높은 것부터 선정해야 한다.[69] 그리고 전략을 평가하는 기준으로는 (1)리더, 의사결정자, 이해관계자, 주민 등에 의한 수인가능성, (2)이슈와의 관련성, (3)비전, 임무, 가치, 철학 등과의 일치성, (4)다른 전략이나 프로그램과의 조정이나 통합성, (5)비용효과성, (6)장기, 단기의 영향, (7)유연성이나 적용가능성 등이 사용되어진다.[70] 이러한 과정을 거쳐 전략계획(안)이 마련된다.[71]

이렇게 볼 때 기초생활권계획에 있어 전략의 선정은 (1)7개 부문내의 소수의 전략적인 사업에, (2)지역실정에 적합하고 우선순위가 높은 전략에, (3)여러 전략들이 단계별로 계층화되도록, (4)주요 이슈를 수용하는 전략을, (5)집행에 가이드가 되도록 상세하게, (6)방향과 방법을 구체적으로 제시하는 전략 등을 선정하여야 한다. 아

69) John M. Bryson, 「Strategic Planning for Public and Nonprofit Organizations」 3ed., Jossey-Bass pub., San Francisco, 2004, pp. 211-223.

70) John M. Bryson and Farnum K. Alston, 「Creating and Implementing Your Strategic Plan」2nd ed., Jossey-Bass, 2005. pp. 105-106.

71) 일반적으로 전략계획안에 포함되는 사항 :①개요(목적, 과정, 참여 포함), ②의무진술, ③임무진술, ④성공의 비전, ⑤외부와 내부의 환경분석 : SWOT분석 포함, ⑥큰 전략진술, ⑦이슈-특화된 전략진술, ⑧하위단위 전략진술, ⑨프로그램, 서비스, 생산, 사업과정계획안,⑩기능전략진술, ⑪집행계획; 행동계획안 포함, ⑫인력계획; 전임인력, 파트타임인력, 자원봉사자 포함, ⑬기능계획; 운영예산, 자본예산, 기금계획 포함, ⑭점검과 평가계획, ⑮계획의 수정을 위한 계획 등이다.

울러 전략을 선정할 때 단체장은 누구보다도 먼저 관심을 가져야 하며, 전략적 사고를 가지고 희소자원을 가장 전략적인 전략에 투자하도록 해야 한다.

7) 효율적 집행

<표-11>에서 보는 바와 같이 대부분 시·군의 재정자립도는 매우 낮다. 투자재원의 추계에 있어서도 자체재원의 비중은 낮은데 반해, 의존재원의 증가율과 비중을 지나치게 높게 산정하고 있다. 광역-지역발전특별회계도 매년 10-25% 증가하는 것으로 높게 책정하고 있다. 그리고 민간자본 유치방안도 구체성을 띠지 못하며 이론적 수준의 방안을 제시하고 있다. 특히 적정한 재정규모, 총사업비, 국비와 지방비의 구성 비율에 대한 평가기준이나 평가기법이 없다. <표-12>에서 보는 바와 같이 사업선정의 지역특성 반영에 있어 대부분의 시·군에서는 나름의 기준을 세워 우선사업을 선정하고 있다. 그러나 이러한 사업선정의 기준은 선언적 의미가 더 강하다. 앞으로 지역특성의 반영, 각 부문내의 우선사업의 선정, 사업간의 연계, 분석기법 등에 공감이 가는 방안이나 기법의 도입이 요구된다.

전략계획의 효율적 집행을 위해서는 (1)행동계획(action plan)에 따라야 한다. 행동계획은 범위가 제한적이어야 하며, 단기적이어야 하고, 환경에 민감해야 하며, 자원과 점검과정 등이 포함되어야 한다. (2)전략과 예산과의 연계성을 강조해야 하며, 중장기 개발계획과 예산제도와 연계시켜야 한다. 즉 집행까지 고려하는 광의의 계획과정으로 수립되어져야 한다. (3)효율적 집행이 되기 위해서는 우선순위가 높은 이슈나 전략에 집중적으로 투자해서 소기의 성과를 올리도록 해야 한다. (4)전략계획에서는 민간이나 외부자원의

동원을 강조하고 있다. 실제로 지방자치단체에서는 제3섹터 방식, 관·민파트너십, 거버넌스 등이 논의되고 있으며, 사회간접자본의 건설에 민간자본을 도입하고 있다.

앞에서 지적한 것처럼 기초생활권계획은 전략적 종합계획의 성격을 띤다. 이것은 이제까지 종합계획이 지니고 있는 문제점에 대한 보완으로 전략계획의 접근방법의 수용을 의미한다고 볼 수 있으며, 특히 집행에 있어서도 선택과 집중을 강조하고 있다. 그리고 집행을 통하여 이슈나 전략이 실현되기에, 집행은 전략에게 생명을 불어넣어 주며, 조직이나 지역사회를 위해 실제적 가치를 창조한다. 즉 집행은 의도적이고 전략적으로 계획되고, 관리되어야 하며, 예산이 뒷받침되어야 한다.

이렇게 볼 때 기초생활권계획의 효율적 집행을 위해서는 (1)가능하면 각 시·군에서는 필요한 결정과 행동, 계획기간, 집행부서, 행동단계, 점검과정 등을 포함하는 행동계획을 수립해야 한다. (2)추진사업과 예산과의 연계를 위해서는 중기재정계획을 객관적으로 수립해야 한다. 특히 개별사업비 규모, 총사업비 규모, 국비지원 비율 등에 대해서는 적절한 기준과 평가기준에 따라 산정하고 요구해야 한다. (3)지역특성을 반영하는 사업, 우선순위가 높은 사업이나 전략에 집중적으로 투자하도록 해야 한다. 이를 위해 투자사업의 수익성을 평가하는 여러 가지 기법들을 활용해야 한다. (4)건전한 민간자본이나 외부자원을 동원하여 선정한 사업이 계획한 대로 집행되도록 해야 한다. (5)특히 단체장은 각종 정책이나 계획들이 지면계획이 되지 않도록 해야 하며, 정치적 상황이나 기술적인 어려움에 직면하면 단계적으로 집행하는 것도 바람직하다. 그리고 실효성이 적은 이벤트나 전시적 행사, 중복투자도 지양해야 한다.

8) 기타

앞의 2장에서 기초생활권계획의 주요 특성으로 법정 자율계획이지만 의무계획, 전략적 종합계획, 5년 단위의 중기적 투자계획, 시·군간 공동 협력계획, 포괄보조금제도의 전면적 도입, 성과평가와 인센티브체제의 강화 등을 지적했다.

앞에서 기술한 개선방안 이외의 것으로 타 시·군간의 협조 내지 공동사업의 추진은 참으로 바람직하다. 실제로 계획서의 종합평가에 있어서도 협력사업을 계획한 기초자치단체는 가중점을 받았으며 우수한 계획서로 선정되기도 했다. 이는 생활권의 광역화로 타 시·군과의 협조의 강화, 광역시설의 공동이용, 권역별의 광역계획 등은 당연히 지향해야 할 방향이다.

그리고 전략계획의 특성 중의 하나인 평가와 수정의 강조이다. 지속적인 계획의 관리는 시간의 변화, 상황의 변화, 연합의 변화 등을 고려해야 한다. 전략은 여러 가지 요인으로 인해 작동을 멈출 수 있다. 예컨대, (1)기본전략은 양호하지만, 집행이 뒷받침되지 않아서, (2)상황이 바뀌어 새로운 전략이 요구되어서, (3)여러 정책이 혼잡해 짐에 따라, (4)정치적 환경이 바뀜에 따라 등이다.[72] 그러므로 지속적으로 이슈나 전략을 점검하고 수정해야 광의의 계획관리가 되는 것이다.

우리의 기초생활권계획에 있어 계획서의 종합평가에 따른 인센티브제의 도입과 사후의 성과평가는 바람직한 제도적 장치이다. 실제로 기초생활권계획서의 1차, 2차의 종합평가에 따른 20개 시·군 계획서의 선정은 일종의 인센티브제의 도입이다. 그리고 사후의 성

---

72) John M. Bryson, 「Strategic Planning for Public and Nonprofit Organizations」3ed., Jossey-Bass pub., San Francisco, 2004, pp. 264-266.

과평가는 지면계획내지 청사진적 계획을 예방할 수 있는 장치이다. 그러므로 앞으로 계획서의 종합평가나 사후의 성과평가에 있어 평가지표, 평가방법, 평가범위, 평가내용, 평가절차 등에 있어 객관적이고 과학적인 평가기법의 도입은 바람직한 기초생활권계획을 위한 또 하나의 중대한 연구과제 내지 실천과제가 된다.

5. 결론

앞에서 살펴본 것처럼 현 정부의 지역발전정책의 패러다임은 균형-혁신-분산에서 상생-경쟁-분권으로 전환되었으며, 비전으로는 일자리와 삶의 질이 보장되는 경쟁력 있는 지역창조이다. 전국토의 성장잠재력을 위해 3차원적 국토개발로 초광역권 개발, 5+2광역경제권 개발, 163개 시 · 군의 기초생활권계획으로 계층화하였다.

163개 기초생활권계획의 주요 특성으로는 자율계획, 전략적 종합계획, 중기적 투자계획, 시 · 군간 협력계획, 자체계획, 포괄보조금 제도의 도입, 성과평가와 인센티브체제의 강화 등이다.

기초생활권계획수립상의 문제점들을 분석하기 위해 전략계획이론의 절차와 특성을 원용하여 12개의 분석항목별로 우수보고서 7개를 분석하였다. 이를 기반으로 기초생활권계획의 수립상의 개선방안들을 제안하였다. 이에 관한 논의들을 요약하면 다음과 같다.

첫째, 시장 · 군수의 적극적 관심이다. 대부분의 단체장은 계획수립기구에 소속되지는 않았다. 그러나 시장 · 군수는 전략적 리더로서 정보와 계획, 실험을 통하여 예상되는 위험에 대처해야 하며, 미래지향적이야 하며, 자원배분과 조직이 나아가야 할 최적의 진로를 결정해야 한다. 특히, 지방재정을 고려하지 않은 개발계획이나 이벤트성의 사업을 추진하기 보다는 우선순위가 높은 소수의 사업을 선택해서 집중하는 전략계획의 방식을 수용해야 할 것이다. 요컨대, 시장·군수는 기초생활권계획의 수립과 집행에 절대적인 영향을 끼치기 때문에 적극적으로 관심을 가져야 한다.

둘째, 참여의 확대이다. 대부분의 시·군에서는 실무 공무원이 중심이 되어 TF팀을 구성하였으며, 여러 가지 위원회를 구성하여 많은 이해관계자들을 참여시켰다. 그러나 TF팀과 위원회에 대해 구체적인 일시, 장소, 회의 내용, 역할, 활동내용 등에 대해서는 구체적으로 기록되어 있지 않다. 이제는 단순히 TF팀이나 각종의 위원회의 형식적인 구성보다는 실질적인 활동과 성과가 요구되며, 객관적으로 수긍할 수 있는 구체적인 활동내용과 증거자료의 제시가 요구되며, 전문가와 이해관계자들의 실제적 참여를 보장해야 한다.

셋째, 객관적인 환경의 탐색이다. 대부분의 시·군에서는 주민수요조사를 1-2회에 실시했으며, 상위계획과 관련계획의 핵심내용을 수용하고 있으며, SWOT도 분석하였다. 그러나 대체로 현황이나 실태분석에 머물고 있다. 주민수요에 근거한 주요한 이슈, 계획과제, 추진사업 등을 분석하여 계획에 반영하도록 해야 한다. 상황과 환경이 급변하는 것을 감안해서 관련계획의 주요 내용들을 비판적으로 고찰하고 수용해서 계획에 반영되도록 해야 한다. 그리고 대부분의 SWOT의 분석이 7개 부문에 자의적으로 실시하였는데, SWOT의 분석기준에 따라 외부와 내부의 환경탐색을 해야 하며, 환경탐색에 의한 문제점과 과제들을 도출하여 계획안에 반영해야 한다.

넷째, 성공의 비전의 제시이다. 대부분 시·군에서는 1개의 슬로건을 제시하고 있으며, 슬로건을 발전비전으로 간주하고 있다. 즉 대부분의 시·군에서는 비전을 슬로건과 혼동하고 있으며, 발전비전의 제시가 적절하지 못하다. 그러나 우리나라의 모든 시·군은 각기 고유한 역사에 근거한 지역공동체이다. 표어적 슬로건이 아닌 지역과 자치단체의 존재이유, 임무, 기본철학, 목표, 기본전략, 윤리기준 등이 포함되는 성공의 비전을 제시함으로서 주민의 적극적인 참여를 유도하여 미래로 정진해야 한다.

다섯째, 전략적 이슈의 선정이다. 대부분의 시·군에서는 7-8개의 부문별 과제와 계획을 주요 이슈로 제시하고 있다. 일반적으로 이슈는 기본적 정책이기에 각 시·군에서 특별히 강조해야 하거나 시급하게 해결해야 할 과제들이다. 각 시·군에서는 다급하고 시급하게 해결해야 하는 소수의 정책과 과제를 이슈로 부각시켜서 하며, 다른 지역과 차별되는 명료하고 결정적이며 전략적인 이슈를 선정해야 한다. 아울러 시장·군수와 계획팀이 합의하는 이슈를 선정해야 한다.

여섯째, 전략의 선정이다. 대부분의 시·군에서는 7-8개 부문별 추진전략, 전략목표별 세부사업을 제시하고 있으며, 큰 전략보다는 전술적인 프로그램 내지 기능 수준의 전략들을 제시하고 있다. 기초생활권계획에 있어 소수의 명료한 전략, 지역실정에 적합하고 우선순위가 높은 전략, 단계별로 계층화되는 전략, 이슈를 수용하고 집행에 도움이 되는 전략, 방향과 방법을 구체적으로 제시하는 전략을 선정하여 희소자원을 집중해야 한다.

일곱째, 효율적 집행이다. 효율적 집행을 위해서는 행동계획을, 중기재정계획을, 우선순위가 높은 사업이나 전략에, 민간자본이나 외부자원을, 지면 계획이 되지 않도록, 단계적으로 집행해야 하며, 이벤트나 전시행사, 중복투자도 지양해야 한다.

끝으로, 시·군간 협조 내지 공동사업의 추진은 지속적으로 추진되어야 한다. 그리고 성과평가도 필요하다. 계획수립과 집행의 평가와 수정은 전략계획의 특성 중의 하나이며 광의의 계획관리을 적극적으로 활용해야 한다. 그리고 계획서의 종합평가와 성과평가를 객관적이고 과학적으로 하기 위해서는 지속적으로 연구되어야 할 과제 내지 실천과제이다.

제5장 외국의 전략계획의 사례

전략계획의 사례연구는 아직은 별로 많지 않다. 지방경제개발계획의 전략계획방식의 적용에 대하여 Cineide와 Michael은 연구했다. 이들은 영국 아일랜드 인구 3만의 갤태크트(Gaeltacht)라는 농촌지역의 경제개발에 적용하여 그 장점이나 특성, 문제점, 논의들을 기술하고 있다. 그는 지역사회가 자기 지역을 개발하기 위하여 외부기관이나 다른 정부에 의존할 수만은 없으며, 자기지역을 개발하기 위하여 정부와 업계의 핵심지도자와의 협조로 고객위주의 전략을 개발할 것을 강조하고 있다.[73)]

또 홍콩개발의 전략계획의 적용에 대하여 Ng, Mee Kam은 그 필요성을 인정하면서 적용상의 과제나 어려운 점을 기술하고 있다. 그는 홍콩의 폐쇄적인 체제는 진정한 전략계획과정으로 전환되기를 요구하고 있다는 것이다. 즉 홍콩의 주민들도 계획과정에 참여할 수 있는 권한을 가져야 하며, 서로 다른 관계자들이 자기의 환경탐색에 도움을 주어야 하며, 정부도 SWOT의 분석에 필요한 정보를 공지해야 하며, 전략적 이슈도 식별되어야 하며, 행동과정도 집단적으로 동의해야 한다는 것이다. 그러나 전략계획과정의 어려운 점으로 폐쇄적이고 비민주적인 정치구조와, 각종 위원회의 참여수준이 낮은 것 등을 지적하고 있다.[74)] 그리고 Craig는 전략계획을

---

73) Cineide, M. S. O. and Michael J. K. 1990. “Applying strategic planning to local economic development”, 「Town Planning Review」, 61(4) pp. 475-486.

록힐이라는 도시에 적용한 후에 여러 가지 교훈으로 강력하고 안정된 공공리더십을 신뢰하라, 충분한 공공자원을 활용하라, 핵심기관을 관여시켜라, 교육자로서 자문가를 활용하라, 창의적인 작업과정을 활용하라, 변화를 가시화 하라, 폭넓은 시민 참여를 확보하라 등을 제시하고 있다.75)

그리고 외국의 전략계획의 사례분석은 Kemp가 미국의 17개 시, 군의 전략계획의 배경, 필요성, 계획과정, 교훈, 사례분석과 논의점 등에 대해 종합적으로 편집한 것을 중심으로 분석하였다.76) 분석의 방법으로는 전략계획수립상의 문제점에 대하여 항목별로 해당 도시의 사례들을 기술하고자 한다.

1) 전략계획의 필요성

외국의 도시에서 전략계획의 도입이 필요한 이유는 여러 가지 측면에서 제기되고 있다. 미국의 헤네핀(Hennepin)군은 80년대 이후

74) Ng, Mee Kam, 1993. “Strategic planning in Hong Kong”, 「Town Planning Review」, 64(3), pp. 287-311.

75) Wheeland, C. M., 1993, “Citywide Strategic Planning: An Evaluation of Rock Hill’s Empowering the Vision”, 「Public Administrative Review」, Jan/Feb 1993. pp. 65-72.

76) 사례도시로는 ①Charlotte-Mecklenburg 2005 Plan (by Martin R. Cramtom, Jr 등), ②Clifton Prepars for the 1990s (by Roger L. Kemp), ③Duarte’s Resurgence (by Jesse H. Duff), ④Strategic Planning in Hampton (by Sandy Weir), ⑤Strategic Planning in Hennepin County (by Phillip C. Eckhert 등), ⑥Scenarios for Milwaukee (by Belden Paulson), ⑦Goals for Minneapolis (by Donald M. Fraser), ⑧Oak Ridge : Strategic Planning for a Strategic City (by Joseph C. King), ⑨San Francisco The Unveiling of a Strategic Plan (by Richard Morten), ⑩Strategic Planning in St. Paul (by James Scheibel) 등이다.

서비스의 필요와 수요는 계속 증가했는데 수입은 감소했으며, 이슈도 복잡해졌으며, 집행스케줄도 복잡해졌으며, 민간부문의 참여가 필요해졌다는 것이다. 그래서 전략계획의 도입이 요구되었다. 다시 말해 서비스의 효과성을 증가시키고 예산계획을 개선하고 대안적인 정책과 사업선정을 조사하기 위한 체계적 접근을 발전시키기 위하여, 그리고 서비스와 그 성과에 영향을 줄 가능성이 있는 의미있는 이슈를 더 잘 이해하고 예상하기 위하여, 계획과 정책결정기능을 통합하는 방법을 발견하기 위해서, 사업의 우선순위와 재정전략에 관해 위원회나 최고관리자의 관심을 얻기 위하여 전략계획이 필요하게 되었다.77)

또 오크리지(Oak Ridge)시는 과거 계획의 단점으로 지역사회의 적절한 관여가 없었고, 참여가 부족했고, 계획과 정책결정과 연계성이 부족했으며, 범위가 너무 광범했다. 이를 시정하기 위하여 전지역사회가 관여하고, 시의회가 직접 참여하여 최종안에 승인하고, 계획안을 대중들이 쉽게 이해하고 이용할 수 있도록 하고, 계획이 유용하기 위하여 전략계획을 도입했다.78)

2) 전략계획의 과정

전략계획과정에 대한 사례로 샌프란시스코(San Francisco)의 경우를 살펴보면 전략계획과정은 4단계로 이루어졌다. 1단계는 이슈의

---

77) Eckhert, C. Philip, et al., 1992. "Strategic Planning in Hennepin County-An Issues Management Approach", in 「Strategic Planning in Local Government : A Casebook」, ed. by Roger L. Kemp, Planners Press, pp. 50-51.

78) King, Joseph C. and Johnson, David A. 1992. "Oak Ridge-Strategic Planning for a Strategic City", in 「op. cit.」, pp. 106-107.

식별과 예측, 2단계는 전략이슈의 분석과 예측, 3단계는 목표와 목적 및 전략형성, 4단계는 계획집행으로 진행되었다.[79)]

다음으로 샤롯데(Charlotte)의 경우를 들 수 있다. 이 지역의 개략적 계획과정은 다음과 같다. 먼저 1984년 초에 계획위원회는 계획을 전략계획방식으로 수립하고자 결정했으며, 1984. 3월에 700명 이상의 시민들이 워크숍에 참석했으며, 12명의 각계 분야의 대표자들이 시민태스크포스로 지명되어 계획의 초안을 점검하고 토의를 위한 포럼을 했으며, 계획안이 완성될 때까지 60회 이상 회의를 했다. 그리고 1984. 9월에 계획의 1단계가 완료되고, 이슈에 관한 합의가 있었으며, 9월에 공청회가 열렸다. 1985. 7-8월 사이에 계획위원회의 전략과 우선순위에 관한 서류들이 시와 군의 공무원과 모든 참여집단에게 제시되었다. 1985. 10월에 200명 이상이 참여하는 공청회가 열렸으며, 1985. 11월에 2005 Plan이 의회에서 채택되었다.[80)]

오크리지시의 계획은 전략계획과 종합계획을 절충해서 수립했다. 계획과정의 기본요소로 지역사회의 이슈와 일반현황을 파악하는데 주요 이슈, 목적, 정책에 관해 지역사회의 공감을 얻는데, 파악된 목표를 성취하기 위한 특별한 전략과 계획에 초점을 두며, 마지막 단계는 현황, 이슈, 정책, 전략의 요소를 공식적인 종합계획으로 전환하는데 두고 있다. 이에 따라 오크리지시는 지역사회의 리더와

---

79) Morton, Richard, 1992. "San Francisco- The Unveiling of a Strategic Plan", in 「Strategic Planning in Local Government: A Casebook」, ed. by Roger L. Kemp, Planners Press, pp. 124-125.

80) Cramton, M. R. Jr. et. al., 1992. "Charlotte-Mecklenbugh 2005 Plan-Managing Through Strategic Planning", in 「Strategic Planning in Local Government: A Casebook」, ed. by Roger L. Kemp, Planners Press, pp. 16-17.

이익집단의 관심조사, 이슈를 대별함으로서 관심의 틀을 짜고, 이슈의 질을 검사하고, 수용 가능한 해결책의 범위를 검사한 후에, 수용 가능한 정책과 전략들을 결합했다.

한편 갤태크트시의 계획과정은 지방경제개발에 초점을 두고 수립되었다. 이의 규범적인 계획과정은 먼저 계획의 틀로 참여자, 구조, 비전과 목적, 시간을 잡고, 둘째, 물적 요소, 인적 자원, 경제와 사회적 구조, 문화, 전통 등에 대한 강점과 약점, 셋째, 기본 경향, 정부, 기술, 경쟁 등에 대한 기회와 위협의 분석, 넷째, 안정, 축소, 확장, 결합, 선택 등의 대안적 전략, 다섯째, 정책, 자원, 주체, 과업, 시간을 중심으로 한 집행, 마지막으로 전술, 성과, 이탈, 수정 등에 대한 평가를 강조하였다.

3) 전략수립주체

수립주체를 살펴보면 커크우드(Kirkwood)시에서는 시장이 계획과정을 주도했다. 이처럼 전략계획에서는 누구보다 단체장이나 최고의사결정자가 계획과정에 지속적으로 관심을 가질 것을 강조하고 있다.

둘째, 공무원의 적극적인 참여를 강조하고 있다. 예로서 햄프톤(Hampton)군에서는 공무원이 가장 잘 알고 있다고 하면서, 전략계획의 수립에 있어 처음부터 선도적인 역할을 했다. 그리고 오크리지시의 경우에도 외부에 너무 의존하는 것은 고급관리나 시민이 계획과정에 깊이 참여하지 않을 수도 있기에, 공무원이 적극 참여할 것을 권장했다. 또 듀아르테(Duarte)시에서는 공무원이 환경적인 검토를 해서 도시와 지역의 경향을 예측했다. 프라센티아(Placentia)시의 공무원은 이슈 파악을 포함한 전 계획과정에 참여했으며, 부서관리자들은 기능적 책임에 따라 각 위원회에 연락원으로 배치되었다. 이처럼 공무원의 적극적인 참여와 기여를 강조하고 있다.

셋째, 지방의회의 역할이다. 예로서 듀아르테시에서는 시가 계속 발전하고 번성하기 위해서는 장기발전이 필요하다는 것을 시의회는 확신하면서 계획을 시작하도록 예산과 최종안의 승인을 의회가 했다. 그리고 프라센티아시의 의회에서도 2개의 경우에 관여했는데, 첫째는 계획디자인을 승인하고, 시민들을 여러 위원회에 배정하고, 시장주재 아래 공동으로 첫 회의를 개최하는 것과 둘째는 최종전략계획을 검토하고 승인하는 것이었다. 이처럼 지방의회가 전략계획의 시작과 승인에 대하여 최종적으로 책임과 권한을 가지고 있다.

끝으로 수립주체로서 관계자에 대한 것이다. 예로서 샤롯데에서는 결정적 이슈의 선정에 외부의 전문연구팀을 고용했는데, 이들이 장래의 인구, 가계, 직업 등에 대해서 추계하고 각 지구별로 장점과 단점을 분석했다. 또 샤롯데는 주택업자나 부동산업자 등을 위시하여 여러 이익집단이 계획과정을 점검하도록 했다. 그리고 크리프톤(Clifton)시에서는 자문가들이 도시의 기본방향과 미래영향을 예측하기 위하여 고용되었으며, 최종계획서도 도시관리자와 자문가들이 공동으로 마련했다. 또 오크리지시에서는 비공식 자문집단이 형성되어 지역사회내의 다양한 이해를 나타내기 위하여 형성되었으며 고용, 상업, 조직, 사회기관, 생활의 질, 이슈 등에 관심을 나타내었다. 이처럼 계획과정에 내부나 외부의 관계자들이 적극 참여하고 있다.

4) 위원회

위원회에 대한 사례로 먼저 샤롯데의 경우를 살펴보면, 1984년 초에 계획위원회에서 전략계획방식으로 계획을 수립할 것을 결정했다. 그리고 12명의 각계 분야의 대표자들로 시민과업팀을 구성했다. 시민과업팀은 계획초안을 점검하고 토의를 위한 포럼을 제공하면서, 계획안이 완성될 때까지 60회 이상 회의를 했다. 계획위원들은 주변의 시·군관리들과 회의를 하고, 지역제의 정책, 성장경향, 현재 및 계획된 유틸리티의 체계, 계획에 대한 태도, 광역계획 등을 점검했다. 계획위원회에서 주요 이슈를 선정했으며, 전략과 우선순위, 비용추정도 결정했다. 계획위원회에서는 공청회에서 제기된 비판을 참조해서 계획안을 다시 검토했으며, 최종계획의 틀과 개발방향을 계획위원회에서 합의로 결정했다.[81)]

듀아르테시의 경우에는 운영위원회가 과업팀과 더불어 외부와 내부의 분석, 목표, 전략수립을 했으며, 지역사회의 중요한 조직하고 연계성을 가지는 역할을 하도록 했다. 그리고 운영위원회는 시민참여를 유도하기 위하여 70명의 지원자를 공모해서 5개의 과업팀에 배정했으며, 5개의 과업팀도 맡은 바의 역할에 따라 세부적인 작업을 추진했다.[82)]

프라센티아시의 경우에는 시의회가 이슈의 검토와 추진을 위해 5개의 자문위원회를 승인했다. 각 위원회는 부서연락원들과 더불어 최종보고서를 만들었다.

끝으로 샌프란시스코는 전략계획수립을 위해 4개의 과업팀이 200개의 해결책과 39개 전략을 수립하고, 첫해의 핵심적인 전략으

---

81) Cramton, M. R. Jr. et. al., 1992. "Charlotte-Mecklenbugh 2005 Plan-Managing Through Strategic Planning", in「op. cit.」. pp. 16-20.

82) Duff, Jesse H. and Parker, John K. 1992. "Duarte's Resurgence-Strategic Planning for the Yewr 2007",「Strategic Planning in Local Government: A Casebook」, ed. by Roger L. Kemp, Planners Press, pp. 38-41.

로 19개를 선정하였다. 이처럼 위원회는 도시에 따라 계획, 운영, 자문위원회, 시민과업팀 등 다양한 형태를 가지면서 나름의 권한과 역할을 수행하고 있다.

5) 공청회

샤롯데는 전략계획을 세우기 위하여 계획기간인 1984년 2월부터 1985년 11월 사이에 5차례의 공청회를 가졌다. 그 내역은 다음과 같다. 첫 공청회가 1984. 3월에 700명 이상의 시민들이 사업 서류를 살펴보기 위한 워크숍에 참석했는데 이에는 비즈니스, 개발, 지역사회지도자들이 참가했다. 1984. 5월에는 600명 이상이 참가하여 "Urban Renaissance: Planning for Livable Community"라는 명칭으로 하루 종일 회의를 했다. 이 회의에는 개발자, 지역사회지도자, 계획전문가들이 참여해서 찬반 토론이 있었으며 그 결과가 발간되었다. 세 번째 공청회는 1984. 9월에 계획의 1단계가 완료되고, 이슈에 관한 합의가 있었으며, 이에 대하여 9월에 공청회가 열렸다. 네 번째 공청회가 1985. 9월에 7개 계획지구에서 전체적으로 900명 이상이 참여하는 공청회가 열렸다. 이 공청회에서 제기된 비판을 참조해서 계획위원회는 계획을 다시 검토했다. 다섯 번째 공청회는 1985. 10월에 200명 이상이 참여하는 공청회가 열렸다. 그리고 나서 1985.11월에 The 2005 Plan이 시와 군 의회에서 채택되었다.[83)]

다음으로 인구 21,000명의 듀아르데시의 계획수립에서는 2차례의 공청회가 열렸는데 첫 번째는 100명 이상이 참가해서 특별이슈에 대한 시민들의 견해를 유도했으며, 운영위원회는 각 과업팀이 연구

83) Cramton, Martin R. Jr. et. al., 1992. "Charlotte-Mecklenbugh 2005 Plan- Managing Through Strategic Planning", in「op. cit.」, pp. 16-20.

해야 할 이슈의 목록을 작성했다. 그리고 계획초안의 발표와 더불어 200명 이상이 참가하는 공청회가 열렸다. 대체로 계획초안에 찬성했지만, 애매모호한 부분과 충돌하는 부분을 지적했다. 그 후 운영위원회는 시민들의 지적을 바탕으로 초안을 수정했으며, 시의회에서 최종전략계획을 승인했다.[84)]

이처럼 공청회가 시민들의 실제적인 의견수렴의 장이 되도록 하고 있다. 그래서 형식적으로 1회만 개최하는 것이 아니라 여러 차례하고 있다. 대체로 계획초안이 마련된 직후, 또는 최종안의 채택 전에 공청회를 개최하고 있다.

6) 이슈의 선정

전략계획에서 이슈선정에 관한 외국도시들의 사례를 살펴보면 먼저 샤롯데의 계획팀들은 8개의 주요이슈를 선정했다. 즉 성장전제, 환경, 공공서비스와 시설, 개발, 근린지역, 시민참여, 도시디자인, 지방정부 등이 그것이다. 계획팀에 의해 이슈에 대해 합의가 있은 후에 계획의 1단계가 완료되었다.

둘째, 듀아르테시는 의회가 5개의 주요이슈를 선정했는데 시의 서비스와 공공안전, 교육, 문화, 레크리에이션, 경제개발, 환경과 미, 보건과 의료서비스가 그것이다. 그리고 운영위원회에서는 과업팀과 더불어 34개의 이슈들을 검토했다.

셋째, 오크리지시는 고용과 경제개발, 인구와 주택, 일반개발, 생활의 질 등 4개의 핵심 이슈를 선정했다. 오크리지시의 계획접근은 근본적으로 종합계획과 차이가 나는 것이 아니라 보완적으로 추진

---

84) Duff, Jesse H. and Parker, John K. 1992. “Duarte’s Resurgence-Strategic Planning for the Year 2007”, in 「op. cit.」, pp. 38-41.

했으며, 지역사회의 모임과 심포지엄을 자주해서 선정했다.[85)]

넷째, 미네아폴리스시의 경우에는 주요 이슈를 시장이 제안했는데 시장은 공공안전, 직업, 시민가치, 청소년, 근린지역, 주택, 환경, 경제, 문화와 레크리에이션, 도시재정 등 이슈 그 자체보다는 비전적인 것들을 강조했다.[86)]

다섯째, 샌프란시스코의 경우로서 이슈의 식별과 예측과정에 있어 4개의 핵심적 이슈를 선정했는데, 이에는 주택, 교통, 도시재정, 직업 및 비지니스 기회가 해당된다. 과업팀은 이 4개의 영역에서 도시미래에 영향을 끼칠 수 있는 요인들을 식별하고 우선순위를 매겼다.

여섯째, 세인트 폴에서는 5개의 이슈를 선정했는데 직업, 주택, 근린지역, 정부성과, 그리고 인간개발 등이다.

위에서 살펴 본 것처럼 각 도시마다 이슈는 약간씩 다르다. 이는 그 도시마다 특별하게 강조해야 하거나 시급하게 해결해야 할 과제들을 이슈로 선정하기 때문일 것이다. 그러나 주요 이슈는 오늘날의 일반적인 도시문제들인 주택, 교통, 환경, 직업, 도시경제와 재정, 공공서비스 등에 초점을 두고 있다.

7) 전략의 수립

이슈를 선정하고 나서 다음 단계로 구체적인 전략들을 수립한다. 전략수립에 대한 외국 사례로 샌프란시스코의 경우를 들 수 있다.

---

85) King, J. C. and Johnson, David A. 1992. "Oak Ridge- Strategic Planning for a Strategic City", in 「op. cit.」, pp. 108-112.

86) Fraser, Donald, 1992. "Goals for Minneapolis-A City for the 21st Century", in 「Strategic Planning in Local Government: A Casebook」, ed. by Roger L. Kemp, Planners Press, pp. 85-101.

계획의 3단계에서 전략을 수립했는데, 과업팀은 4개의 전략이슈와 관련된 특별한 목표와 계량가능한 목적을 식별했으며, 200개의 전략을 추천했다. 자원과 인력의 제약아래 계획위원회는 19개의 전략을 우선순위로 선정했다.

그러나 구체적인 전략의 사례보다는 전략선정 시 유의할 점이 더 중요하다. Einsweiler는 전략에 대한 동의의 형성과정을 중시하면서 다음과 같은 과정을 제시하고 있다. ①집단의 관심을 조사해야 하며, ②정확한 언어로 관심을 표현해야 하며, ③진술된 관심을 조직화해야 하며, ④관심의 질을 검정해야 하며, ⑤수인된 해결책의 범위를 검사하고, ⑥제안들을 결합하는 것 등이다.[87] 그리고 이렇게 선정한 전략을 평가하는 기준으로는 대중의 수인성, 재정과 자본지출, 장기적 영향, 스태프의 활용, 임무와의 양립성, 이슈와의 연관성, 비용효과성, 유연성과 시의적절성, 고객이나 사용자의 영향, 다른 서비스나 프로그램과의 조정이나 통합 등이다.[88] 이처럼 전략의 수립에 있어서는 전략들의 종류의 나열보다는 전략선정시의 유의할 점이나 선정기준에 더 유념해야 한다.

8) 기타 특징

앞에서 기술한 전략계획수립상의 특징 이외에도 사례분석을 통해 파악된 전략계획의 기타 특징들과 유념할 사항들은 다음과 같다.

첫째, 민주적인 정치구조를 강조하고 있다. 예컨대 햄프톤에서는 그 도시의 독특한 정치와 조직의 분위기에 적합해야 한다고 했으

87) King, Joseph C., and Johnson, David A., in「op. cit.」, pp.108-112.

88) Eckhert, C. Philip, et al., 1992. "Strategic Planning in Hennepin County-An Issues Management Approach", in「op. cit.」, p. 55.

며, 홍콩에서는 민주적이고 개방적인 정치구조의 요구로 다수의 집단이 참여하여 집단적인 지혜(wisdom)를 모을 것을 강조하고 있다. 오크리지시에서는 전략수립에 있어 다수의 동의형성과정을 중시하고 있다. 록힐시의 경험에서는 강력하고 안정적인 공공의 리더십을 신뢰할 것을 강조하고 있다. 그래서 대부분의 계획과정에서는 다양한 이해집단사이의 직접적인 대화와 계속적인 의사소통을 강조하고 있으며, 전지역사회의 관여를 강조하고 있다.

둘째, 교육과 인간개발을 중시하고 있다. 계획을 교육과정으로 보면서, 상호이해와 믿음을 조장하기에 샤롯데에서는 교육을 강조했으며, 캘태크트시에서는 지방경제개발에 있어 행하면서 배운다라는 전제아래 인간개발을 중시하고 있다.

셋째, 민간참여를 적극 강조하고 있다. 샌프란시스코에서는 민간이 4개의 과업팀을 구성해서 계획을 주도하기도 했으며, 오크리지시에서는 행동주체로서 민간기업의 역할을 중시했다. 캘태크트시에서도 핵심적인 기업의 열성적인 참여가 개발의 관건으로 보았으며, 샤롯데에서도 시민참여 속에 이슈를 선정했다. 듀아르테시에서는 지원자를 공모해서 이들로 하여금 과업팀을 형성하기도 했으며, 밀워키시에서도 시민참여를 극대화하기 위하여 자원봉사자들을 모집했다. 이처럼 대부분의 전략계획에서는 계획수립과정과 집행에 있어 민간기업이나 전문가의 역할을 매우 중시하고 있다.

넷째, 공개성을 강조하고 있다. 샤롯데는 18개월의 계획기간 동안 뉴스레테를 매월 발간했다. 즉 계획과정 동안에 결정된 중요한 사항이나 이슈나 전략들을 적극 공개하고 있다.

다섯째, 전략계획과 종합계획을 절충해서 계획을 수립하는 경우가 많다. 예로서 오크리지는 종합계획방식으로 전략계획을 보완하면서 계획을 수립했으며, 햄프톤에서도 두 계획의 목표, 전략, 프로그램이 서로 양립할 수 있다고 하면서 계획을 수립했다.

이상의 특징들을 감안하면서 Kemp는 전략계획의 수립이나 집행에 있어 다음과 같은 점들을 유념할 것을 당부하고 있다. 첫째, 어떠한 전략계획의 과정이든 조직의 독특한 정치 및 행정적인 환경에 적합해야 하며, 둘째, 조직, 관리자, 고용인들 간에 권위를 공유해야 하며, 셋째, 전통적인 마스터플랜을 준비해서는 안 되며, 넷째, 계획과정이 최종 계획서보다는 더 중요하다는 것을 유념해야 하며, 다섯째, 계획과정을 제도화해야 하며, 여섯째, 주요한 관계자들을 식별하고 이들을 계획과정에 적극 참여시켜야 하며, 일곱째, 기획을 위한 계획에 시간을 소비하면 할수록, 계획과정은 보다 순탄해 질 수 있으며, 여덟째, 계획은 학습과정이며, 최종산물 그 자체가 아님을 유념해야 하며, 아홉째, 적절한 훈련으로 내부의 직원을 활용해서 비용을 줄이야 하며, 외부의 자문가는 가능하면 덜 고용해야 한다. 마지막으로 상세한 행동요소가 있어야 하는 것 등이다.[89)]

---

89) Kemp, Roger L., 1992. “A New Planning Model”, in 「Strategic Planning in Local Government: A Casebook」, ed. by Roger L. Kemp, Planners Press, pp. 168-169.

참고문헌 Reference

김경섭 · 박창규 옮김(1997), 「원칙중심의 리더십」, 김영사.

김충환 외 2인 편역(1990), 「지방자치시대의 도시행정가」, 도서출판 청녕쿨.

대한국토 · 도시계획학회 외(2001), 「살고 싶은 도시 만들기 : 지속가능한 도시대상 2000」.

박종민 (2000), "집단주의, 후견주의 및 도시의 리더십", 「한국행정학보」, 제34권 제3호.

박종민 편(2000), 「한국의 지방정치와 도시권력구조」, 나남출판.

서영진(1996), 「한국의 시도지사와 지역정책」, 나남출판.

송창석 편역(1995), 「자치단체장의 자질과 수완」, 도서출판 대륙.

안영훈 · 장은주(2000), 「지방자치단체 변화관리를 위한 전략기획의 활용방안」, 한국지방행정연구원.

안태환(1993), "도시개발에 있어 관 · 민파트너십에 관한 연구", 「한국지역개발학회지」,제5권, 제2호

안태환(1997), "도시계획수립상의 문제점과 개선방향", 「국토계획」, 제32권 제3호.

안태환(1999), "종합계획과 전략계획과의 비교분석", 「사회과학연구」, 제6집 제3호, 대구대학교, pp. 139-161.

안태환(2001), 「계획이론연구」, 대구대출판부.

안태환(2002), "전략계획 특성에 따른 지방자치단체의 바람직한 역할", 「한국지방자치회보」, 한국지방자치학회, 제14권 제4호

안태환 역(2006), 「계획이론」, 대구대출판부.

이기옥(1997), 「생활 속의 지방자치」, 도서출판 문원.
이성복(2000), 「도시행정론」, 법문사.
이승종(1998), "민선자치단체장 리더십의 영향요인", 「한국행정학보」, 제32권 제1호.
이창원(1999), "지방자치단체장들의 리더십 행태와 그 효과성에 관한 실증적 연구", 「한국행정학보」, 제33권 제3호.
정원식(2002), 「공공행정과 정치」, 형설출판사.
최창현 옮김(1998), 「정부개혁의 5가지 전략」, 삼성경제연구소.
현대경제연구원 옮김(1998), 「리더십」, 21세기북스
지역발전위원회, 2008. 「2008 이명박 정부 지역발전정책 연차보고서」
지역발전위원회 외, 2009. 「'09 기초생활권 발전계획 수립 교육 및 컨설팅 워크숍」
지역발전위원회 외, 2009. 「기초생활권 발전계획 수립 매뉴얼」
Allison, Michael · Kaye, Jude(2005), 「Strategic Planning for Nonprofit Organization」2nd ed., John Wiley & Sons, Inc, NY.
Barksdale, Susan and Lund Teri (2006), 「10 Steps to successful Strategic Planning」, ASTD press, Virginia.
Bradford, Robert W. & Duncan, J. Peter(2000), 「Simplified Strategic Planning」, Chandler House press, MA. USA
Bryson, John M.(2004), 「Strategic Planning for Public and Nonprofit Organizations : A Guide to Strengthening and Sustaining Organizational Achievement」3ed Edition. Jossey-Bass Publishers, San Francisco.
Bryson, John M. & Alston, Farnum K.(1996), 「Creating and Implementing Your Strategic Plan」, Jossey-Bass Inc., San Francisco.
Bryson, John M. & Einsweiler, Robert C.(1988), 「Strategic Planning : Threats and Opportunities for Planners」, Planners press.
Faludi, A. (1973), 「A Reader in Planning Theory」, Pergamon press.
Faludi, A (1973), 「Planning Theory」, Pergamon press.

Healey, Patsy et al.(1997), 「Making Strategic Spatial Plans : Innovation in Europe」, UCL press. London.

Hummel, Joan M.(1996), 「Starting and Running a Nonprofit Organization」 sec. ed., Univ. of Minnesota press,

Kemp, Roger L.(1992), 「Strategic Planning in Local Government : A Casebook」, Planners press.

Mintzberg H. (2000), 「The Rise and Fall of Strategic Planning」, Prentice Hall UK.

Moffit, Leonard C.(1984), 「Strategic Management : Public Planning at the Local Level」, JAI Press Inc.

Nolan T. M., Goodstein L. D. & Goodstein J. (2008), 「Applied Strategic Plannjng : An

Introduction」 2nd ed., John Wiley & Sons, Inc.

So, Frank S, (1984), "Strategic Planning: Reinventing the Wheel?", 「Planning」 50(2).

Sorkin, Donna L, et al. (1984), 「Strategies for Cities and Counties」, Public Technology, Inc. Washington ,DC.

Steiner, George A.(1979), 「Strategic Planning : What Every Manager Must Know」, Free Press.

Stoker, Gerry and Young, Stephen (1993), 「Cities in the 1990s」, Longman Group UK

Wolf, Thomas(1999), 「Managing A Nonprofit Organization in the Twenty-First Century」, Fireside, NY.

찾아보기 Index